U0515380

"十四五"时期国家重点出版物出版专项规划项目

转型时代的中国财经战略论丛

合作剩余生成机理与分配策略研究

——网络组织稳定性视角

Research on Cooperative Surplus Generation Mechanism
and Distribution Strategy:
Network Organization Stability Perspective

史文雷 著

中国财经出版传媒集团
经济科学出版社
Economic Science Press

图书在版编目（CIP）数据

合作剩余生成机理与分配策略研究：网络组织稳定性视角/史文雷著. ——北京：经济科学出版社，2022.8
（转型时代的中国财经战略论丛）
ISBN 978 - 7 - 5218 - 3982 - 1

Ⅰ. ①合…　Ⅱ. ①史…　Ⅲ. ①租金 - 研究　Ⅳ. ①F721.9

中国版本图书馆 CIP 数据核字（2022）第 159832 号

责任编辑：李一心
责任校对：靳玉环
责任印制：范　艳

合作剩余生成机理与分配策略研究
——网络组织稳定性视角

史文雷　著

经济科学出版社出版、发行　新华书店经销
社址：北京市海淀区阜成路甲 28 号　邮编：100142
总编部电话：010 - 88191217　发行部电话：010 - 88191522
网址：www. esp. com. cn
电子邮箱：esp@ esp. com. cn
天猫网店：经济科学出版社旗舰店
网址：http://jjkxcbs. tmall. com
北京季蜂印刷有限公司印装
710×1000　16 开　12.5 印张　200000 字
2023 年 2 月第 1 版　2023 年 2 月第 1 次印刷
ISBN 978 - 7 - 5218 - 3982 - 1　定价：52.00 元
（图书出现印装问题，本社负责调换。电话：010 - 88191510）
（版权所有　侵权必究　打击盗版　举报热线：010 - 88191661
QQ：2242791300　营销中心电话：010 - 88191537
电子邮箱：dbts@ esp. com. cn）

总　序

　　"转型时代的中国财经战略论丛"是山东财经大学与经济科学出版社在"十三五"系列学术著作的基础上，在"十四五"期间继续合作推出的系列学术著作，属于"'十四五'时期国家重点出版物出版专项规划项目"。

　　自2016年起，山东财经大学就开始资助该系列学术著作的出版，至今已走过6个春秋，期间共资助出版了122部学术著作。这些著作的选题绝大部分隶属于经济学和管理学范畴，同时也涉及法学、艺术学、文学、教育学和理学等领域，有力地推动了我校经济学、管理学和其他学科门类的发展，促进了我校科学研究事业的进一步繁荣发展。

　　山东财经大学是财政部、教育部和山东省人民政府共同建设的高校，2011年由原山东经济学院和原山东财政学院合并筹建，2012年正式揭牌成立。学校现有专任教师1690人，其中教授261人、副教授625人。专任教师中具有博士学位的982人，其中入选青年长江学者3人、国家"万人计划"等国家级人才11人、全国五一劳动奖章获得者1人、"泰山学者"工程等省级人才28人，入选教育部教学指导委员会委员8人、全国优秀教师16人、省级教学名师20人。近年来，学校紧紧围绕建设全国一流财经特色名校的战略目标，以稳规模、优结构、提质量、强特色为主线，不断深化改革创新，整体学科实力跻身全国财经高校前列，经管类学科竞争力居省属高校首位。学校现拥有一级学科博士点4个，一级学科硕士点11个，硕士专业学位类别20个，博士后科研流动站1个。在全国第四轮学科评估中，应用经济学、工商管理获B+，管理科学与工程、公共管理获B−，B+以上学科数位居省属高校前三甲，学科实力进入全国财经高校前十。2016年以来，学校聚焦内涵式发展，全面实施了科研强校战略，取得了可喜成绩。获批国家级课题项目 241 项，教育部及其他省部级课题项目 390 项，承担各级各类横向课题 445 项；教师共发表高水平学术论文 3700 余篇，出版著作 323 部。同时，新增了山东省重点实验室、山东省重点新型智库、山东省社科理论重点研究基地、山东省协同创新中心、山东省工程技术研究中心、山东省两化融合促进中心等科研平台。学校的发展为教师从事科学研究提供了广阔的平台，创造了更加良好的学术生态。

"十四五"时期是我国由全面建成小康社会向基本实现社会主义现代化迈进的关键时期，也是我校合校以来第二个十年的跃升发展期。今年党的二十大的胜利召开为学校高质量发展指明了新的方向，建校 70 周年暨合并建校 10 周年校庆也为学校内涵式发展注入了新的活力。作为"十四五"时期国家重点出版物出版专项规划项目，"转型时代的中国财经战略论丛"将继续坚持以马克思列宁主义、毛泽东思想、邓小平理论、"三个代表"重要思想、科学发展观、习近平新时代中国特色社会主义思想为指导，结合《中共中央关于制定国民经济和社会发展第十四个五年规划和二〇三五年远景目标的建议》以及党的二十大精神，将国家"十四五"期间重大财经战略作为重点选题，积极开展基础研究和应用研究。

"十四五"时期的"转型时代的中国财经战略论丛"将进一步体现鲜明的时代特征、问题导向和创新意识，着力推出反映我校学术前沿水平、体现相关领域高水准的创新性成果，更好地服务我校一流学科和高水平大学建设，展现我校财经特色名校工程建设成效。通过向广大教师提供进一步的出版资助，鼓励我校广大教师潜心治学，扎实研究，在基础研究上密切跟踪国内外学术发展和学科建设的前沿与动态，着力推进学科体系、学术体系和话语体系建设与创新；在应用研究上立足党和国家事业发展需要，聚焦经济社会发展中的全局性、战略性和前瞻性的重大理论与实践问题，力求提出一些具有现实性、针对性和较强参考价值的思路和对策。

山东财经大学校长

2022 年 10 月 28 日

前　言

转型时代的中国财经战略论丛

网络组织由两个或两个以上的独立企业所构成，企业之间通过正式契约和非正式契约而形成长期合作关系，具有市场和科层组织运作模式的优点、具有组织的柔性并能快速适应环境的变化，通过合作创新实现网络组织及其成员的目标。企业作为独立的个体参与网络组织，必然存在企业的目标、利益诉求与网络组织目标的差异，差异的存在势必影响网络组织的稳定，可能导致网络组织的失败。要提高网络组织的成功率，首先就要保障网络组织的稳定性，稳定性是保障协同效应增强的基础，而增强协同效应就会产生合作剩余，此时合作剩余需要进行分配以保障网络组织的稳定性。因此本书首先厘清稳定性与合作剩余之间的关联，确认研究问题的逻辑起点，构建合作剩余生成影响因素的分析框架，揭示合作剩余的生成机理，提出合作剩余的分配策略旨在保障网络组织的稳定性，通过对以上网络组织稳定性的相关问题研究，得出如下结论：

（1）从理性冲突视角提出了网络组织不稳定的因素，在此基础上构建了面向稳定性的合作剩余研究逻辑。基于个体理性和集体理性相冲突的视角，探究了网络组织不稳定的原因并用演化博弈分析方法进行了论证分析，得出网络组织成员理性策略的选择，论证的结果表明：合作剩余分配、信任度、投机行为、资源互补程度影响网络组织的稳定性，其中合作剩余分配是影响不稳定性的主要因素。同时依据网络组织不同运行阶段的特点提出了理性条件下的稳定性治理重点。最后构建了基于网络组织运行过程（对应合作剩余生成）、运行绩效（对应预期合作剩余分配）为主要研究内容的稳定性研究逻辑模型，揭示了网络组织稳定性与合作剩余生成和预期合作剩余分配之间的关联。

（2）揭示了合作剩余的生成机理。构建以网络组织组建（对应互补资源和能力的投入）、网络组织运行（对应关系资产的投入）、网络组织合作剩余分配（对应有效治理机制）为核心的合作剩余生成影响因素三维模块。在研究三维模块各自影响因素的基础上，对这些因素彼此之间的因果关系及其反馈路径进行了深入挖掘，从而建立了合作剩余生成的系统流图和系统动力学模型，以更清晰地体现各模块要素对合作剩余生成的作用机理，最后对合作剩余生成系统进行了系统动力学仿真模拟。结果表明：获取互补资源和能力是合作剩余生成的主要原因，关系资产投资是合作剩余生成过程的纽带，有效治理机制是合作剩余生成的重要保障。信任度、知识共享和合作剩余分配、网络能力、投机行为等分别对合作剩余的生成起到重要作用。

（3）提出了基于稳定性的合作剩余分配策略。依据合作剩余的生成机理，从合作剩余创造过程和保障稳定性两个方面入手，提出了合作剩余的两阶段分配策略。利用 IDEF0 功能模型展示了合作剩余生成过程与网络组织成员贡献的匹配关系，确定了影响贡献的因素：资源投入、合作关系和合作产出，以此作为合作剩余分配的依据，来调动网络组织成员的主动性和创新能力。本书分别构建贡献影响因素的测量模型并对其进行集成，从而提出了合作剩余的首次分配策略。以网络组织成员的预期收益结构为分析视角，研究预期收益与网络组织稳定性的关系，通过设置合作剩余分配的扰动项来表示预期收益的变化，从而提出了考虑网络组织稳定性的合作剩余再次分配模型。理论上证明了该方法的合理性和数学分析性质，满足网络组织的运行特征、稳定性的目标要求，满足决策者的行为偏好，算例也验证了方法的实用性。

（4）提出了促进合作剩余创造的策略。在以上研究基础上，以典型网络组织类型企业创新网络为例，从创新网络各主体的协同行为出发，利用演化博弈分析方法分析创新网络各主体的演化行为，以此制定促进协同的策略提高合作剩余的创造。企业只有通过创新掌握行业内领先技术才能谋求持续的发展，构建企业创新网络进行协同创新是企业克服资源稀缺、技术复杂，实现创新目标的有效途径，主体间协同是企业创新网络实现可持续性与稳定性的基本前提。基于演化博弈理论，探究企业创新网络协同主体之间的协同演化行为，并从主体之间交易成本的降低、加强信任关系、提高协同意识、构建合理分配等方面给出提升策略。研究成果对于提升企业创新网络整体协同水平，保障其协同创新活动顺利开展提供了一定的借鉴作用，从而有助于促进合作剩余的创造、保障企业创新网络的稳定性。

目　录

第1章 绪 论

1.1 研究背景与意义

1.1.1 研究背景

以生产效率为主要追求目标的大规模生产与消费需求多样化之间的矛盾在传统的效率与多样化生产方式下难以解决，加上信息技术发展与网络技术的出现，快速响应与柔性生产则成为企业组织的一个关键难题。20 世纪初，福特汽车采用生产流水线实现了"大规模生产"的目标，但随着科技进步和市场的变化和消费者消费行为的多样化发展，另外生产者总是通过整体产品的部分乃至全部变化来赢得更多的用户并获取超额利润，从而也导致同一型号产品的生命周期越来越短，市场竞争从规模经济体现的低成本过渡到以满足需求体现的产品多样性。福特的大批量生产难以满足消费者多样性的需求，由此"多品种、小批量、快变换"成为急需解决的问题。丰田汽车首创的丰田生产方式，作为"多品种、小批量、快变换"混合生产条件下的生产方式适应了当时的发展，但由于小批量和多品种不能解决效率低下和成本较高的问题，因此 20 世纪 80 年代和 90 年代开始研究大规模定制问题（Pine et al.，1993）。大规模定制模式通过定制产品的大规模生产，低成本、高效率地为顾客提供充分的商品空间，因此大规模定制企业与传统的定制企业或大规模生产企业相比，其核心能力表现在其能够低成本、高效率地为顾客提供充分的商品空间，从而最终满足顾客的个性化需求。但大规模定制无法解决技术的刚性问题，即技术缺乏柔性，因而考虑用组织的柔性弥补技术柔性的不足，从而实现联合生产条件下的大规模化定制问题，如图1-1所示。

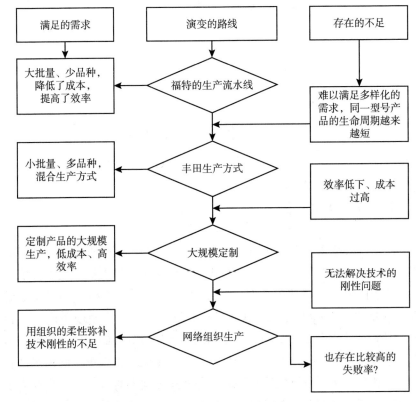

图1-1　组织合作的演化分析

在此背景下组织间合作与组织形态的变革成为企业生存的必然选择，从直线职能到矩阵式的组织形态，到现今的企业联盟、虚拟企业、甚至到战略网络，这一合作形式越来越多地表现为"因企业间合作"而形成的网络组织（Williamson，1973；Baker，1992；阮平南等，2014；Bailey et al.，2019），表现为组织结构的扁平化、组织关系的网络化、组织边界的柔性化，以此通过提高反应和适应能力，从而获得生存与可持续性发展（Baker，1992；阮平南等，2014；Bailey et al.，2019）。实质上联盟、战略网络、虚拟企业、集团等组织形式同属于合

作组织,合作关系都可以用网络来表示,为更加清晰地表述合作关系及
其组织特征和所要研究的问题,本书选用网络组织的概念(Baker,
1992;阮平南等,2014)。事实上,用"网络"来研究问题由来已久,
比如七孔桥问题、邮路问题等,但由于组织问题研究的相对滞后,"网
络"加"组织"的相关研究从 20 世纪 80 年代才开始(Jarillo,1988)。

　　网络组织的核心在于利用因为合作建立的关系网络,通过资源交
换、信息共享、企业间产品生产、协同技术研发,缩短产品的研发周期
和使上市时间提前,通过规模经济降低生产成本,通过提供学习机会促
进企业间的知识共享和转移(余维新等,2020),通过以上具体的价值
活动实现协同效应,生成合作剩余,最终增强网络组织及其成员的竞争
力。网络组织实质在于生产的一体化和市场的内部化(Baker,1992),
一定程度上改变了企业之间短期行为的对抗竞争而成为重要的竞合组织
模式,因而网络组织成为企业界实践的新组织模式和管理学领域关注与
学术界研究的热点。Management Science(MS)、Academy of Management
Review(AMR)、Academy of Management Journal(AMJ)都曾出版网络
组织研究专刊,深入研究网络组织理论(Ancona & Bresman,2007)。

　　网络组织的架构呈现虚拟化,企业之间的关系非正式化和动态化,
这种独特的组织结构在给予网络合作快速响应能力、资源整合能力,满
足多样化需求的同时,也成为网络组织不稳定性的重要原因(阮平南
等,2014;程政,2014)。事实上,网络组织相对于单一组织结构的所
谓"原子企业"具有比较差的稳定性,麦肯锡的研究报告指出由于不
恰当的联盟管理 50% 以上的联盟都以失败告终(Miles & Snow,1992)。
由此可见,相比传统的组织,战略联盟在实施过程中就会发生比较高的
失败率,也恰好说明了网络组织治理的紧迫性和重要性。对失败的原因
进行统计,主要有合作伙伴的匹配度不高、内部结构不合理、绩效评价
不能有效反映成员的贡献等(彭珍珍等,2020),发生以上问题的主要
原因在于外部环境、战略定位以及网络组织内部结构等(林润辉等,
2013),其中外部环境主要受消费者偏好、产品技术以及宏观经济等因
素的影响,战略定位主要包含成员选择不当、企业合作目标不一致和战
略失效,结构上的原因包含治理结构的设计不能服务于网络组织目标、
契约缺乏灵活性造成道德风险"搭便车或者机会主义行为"等,可以
通过提高信任、加大关系资产投资、强化沟通交流、加强知识转移和合

作剩余分配的合理设计等措施以提高网络组织的成功率 （Aggarwal，2019；Zhang et al.，2019）。以上都属于网络组织治理研究的内容，但引起以上问题更深层次的原因是什么？以上问题或原因主要从"表象"进行研究，还缺乏"实质"的进一步探讨。较高的失败率说明网络组织稳定性不高，其中稳定性是网络组织运行并体现竞争力的基本保障（阮平南等，2014；程政，2014），同时需要促进网络组织的协同（比如通过契约治理、关系和非关系治理等达到）（林润辉等，2013）。网络组织合作必然存在一定程度的协同关系，只是协同关系的紧密度和协同行为发生的概率不同，存在协同也就是"1＋1＞2"的合作关系（阮平南等，2014），即为合作大于单干时的产出，而只要存在协同关系就会生成合作剩余，只是生成合作剩余的多少有所差异，而正是由于合作剩余的出现，一方面验证了网络组织能够生成合作剩余，另一方面企业预期能够分享合作剩余。如果没有合作剩余，网络组织就不会出现；如果网络组织成员得不到合理的合作剩余，部分成员就可能选择退出，网络组织就会变得很不稳定甚至解体，从而导致比较高的失败率（见图1－2），因此利益的协调是网络组织稳定性的关键因素（程政，2012）。在网络组织合作剩余分配过程中，基于稳定性的高度考虑成员之间的利益诉求就成为维护网络组织稳定性的重要手段，也是网络组织治理的核心。

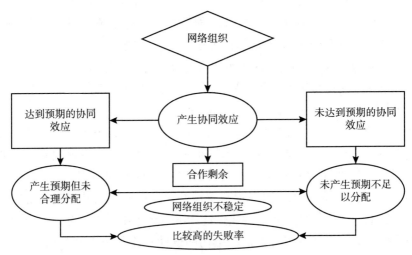

图1－2　网络组织失败率高的原因分析

　　根据组织理论从企业行为来看，企业合作的原始动机首先来源于谋求生存，而谋求生存的关键在于获取互补资源和能力，但还需要信息共享、沟通交流、知识共享等并由以上价值创造的活动才能形成协同效应（林润辉等，2013；孙国强，2016），从而生成合作剩余，因此获取互补资源和能力是产生合作剩余的必要条件而不是充分条件。实质上孙国强（2016）也已经论证了网络组织的形成是实现协同效应的必要条件，而不是充分条件。对于未产生预期的合作剩余而言，需要制定保障合作剩余生成的措施，首要任务是需要保证网络组织的稳定性，否则提高合作剩余的创造就不具备基本条件；产生了合作剩余但没有进行合理的分配，说明了机会主义未能有效的规避，也未能调动积极性从而保障网络组织成员的利益，因此需要设计合理的分配方法。即一方面要进行合作剩余分配的再设计，另一方面需要保障合作剩余的生成。当然以上两方面的研究都需要首先知道合作剩余是什么，合作剩余的来源机理、基于稳定性的合作剩余分配设计和保障合作剩余生成的措施等。

　　目前，合作剩余分配主要集中在盟主或核心成员的利益最大化、合作剩余的最大化（Brügemann et al.，2019），将节点企业与参与网络组织之前的收益作为参考标准，较少考虑维持网络组织稳定性的因素，而网络组织的稳定性是实现比传统企业竞争优势的重要保障和前提。国内外关于合作剩余分配问题的研究成果显著，分配方法各有优点和缺点，主要有固定支付方法、讨价还价协商模式、基于 Shapley 值的贡献分配和利用其他理论对合作剩余分配的研究等（Winter，2002；张瑜等，2016）。大多数文献仅从某一角度对合作剩余分配问题的某一部分展开研究，仍未形成一套完整的理论体系，特别是对网络组织的合作剩余分配机制设计问题（张瑜等，2016），更是缺乏系统性的探讨。现实中也存在合作剩余分配未体现网络组织合作的目标、未能有效地进行合作剩余分配的调整、合作剩余分配的设计未体现网络组织的生命周期特征等，以上问题的存在导致网络组织中的机会主义或搭便车行为不能有效地避免，从而影响网络组织成员之间的协同，进而影响网络组织的稳定性。另外合作产出成果的无形资产特性、合约的不完全性、创新的复杂性和不确定性因素使得合作剩余分配的影响因素变得极其复杂或者因素很难测量或者测量的成本高等，不仅需要在事前制定恰当的分配原则和初始合约，最终分配结果还必须根据网络组织成员的实际贡献程度进行调整。参与要素的特征，各方的谈判能力等多因素也对合作剩余的分配结果产生影响（Brügemann et al.，2019；Roson & Hubert，2014；张延锋等，2003）。而且由于网络组织的合作周期一般很长，合作过程呈现动态性特点，随着时间推移各种因素的变动也十分明显（Carley，2003）。因此，应在辨识网络组织成员参与要素及其特征的基础上，以合作剩余分配的合约订立、执行及调整等过程为基本线索，揭示各要素对合作剩余初始分配方案的影响机制及其背后隐藏的分配逻辑，并跟踪合作剩余生成的过程，设计合作剩余的调整方法，因此需要设计更加合理的合作剩余分配模型以此保障网络组织稳定性的实现。

网络组织治理是以协调成员目标冲突、维护网络组织稳定运行为目标，在治理环境的影响下，通过正式制度和非正式制度，比如社会关系嵌入、声誉和信誉等所构成的利益相关者的制度安排（孙国强，2016；李维安等，2014）。理性的无知（自己的单个行为对合作剩余产生的影响是无足轻重的，从而对网络组织采取某种不负责任的态度，或者按照自己的单个行为对其他成员）和搭便车行为（希望其他成员为合作剩余去奋斗，自己坐享其成）的存在，使得个体理性很难直接转化为集体理性，导致了成员对个体理性与集体理性采取不同的甚至完全相反的态度（黄少安和张苏，2013）。现实中以上问题并不能有效地规避，根本原因在于个体理性与集体理性的不协调乃至冲突，具体表现为利己主义或机会主义的存在，从而导致网络组织的不稳定。而协调失败的根本原因也在于网络组织成员的有限理性，比如信息不对称、成员能力的差异和文化环境的影响等（史文雷等，2019）。实质上就算是完全理性，同样不能实现合作剩余的合理分配，因为它还受到组织制度、政治环境和公平的影响等。因此有限理性条件下的网络组织运行各阶段的治理重点、合作剩余分配的模型设计等问题需要进行研究，当然个体理性与集体理性相统一的完全理性策略也需要进行设计。

虽然关于网络组织治理机制研究的多个方面在不同时期被不同的学者所涉及（Anna，2017），但研究视角更多的是关注于网络组织局部而非整体，就如利益分配而言，基本是从利益分配机制或者某一方面进行，但它们深层次的作用机理如何，特别是合作剩余分配的具体功能、作用与网络组织稳定性的相互作用机理如何也没有系统化的研究，一些研究显得表象化，对网络组织治理背后的机制解释不够或少有涉及。同时网络组织治理也缺乏一个由网络组织治理边界、治理机制、治理目标、结构和形式等要素组成的治理体系框架，为网络组织治理方面的研究提供切入视角和分析思路（李维安等，2014）。因此本书从网络组织稳定性的基础：合作剩余的生成（提高合作剩余生成的策略）、稳定性的核心环节合作剩余分配出发，从合作剩余分配实现的视角，以企业合作的终极目标"合作剩余实现"为线索，构建网络组织稳定性研究的分析框架，希望不仅可以揭示网络组织稳定性背后的作用机理，同时可以为企业的实践活动厘清一些相关逻辑从而贡献实践意义。

在以上分析的基础上，围绕"合作剩余"研究网络组织稳定性的基础——合作剩余的生成；网络组织稳定性的关键——合作剩余的分配等问题，探索符合合作剩余分配客观和网络组织稳定性提升的网络组织治理机制，并以典型网络组织类型企业创新网络为例，探索提升创新网络各主体协同创新的行为，以此促进合作剩余的创造。一是，从个体理性和集体理性冲突的研究视角，探索引起网络组织不稳定性的原因，为研究稳定性奠定基础；二是，构建合作剩余生成和分配与稳定性的逻辑模型，揭示合作剩余生成和分配与稳定性的关系，以此建立本书研究的逻辑基础；三是，构建合作剩余生成影响因素的分析框架，利用系统动力学方法探索网络组织生成合作剩余的机理；四是，研究合作剩余的分配方法，实现合理的合作剩余分配以此保障网络组织的稳定性；五是，以典型网络组织——企业创新网络为例，探索提升创新网络各主体的协同行为，以此促进合作剩余的创造。

1.1.2 研究意义

本书以网络组织理论为基础，将竞合理论（又被称为合作竞争理论）思想融入始终，结合国内外现有文献，以合作剩余生成为逻辑起点，以合作剩余分配为核心，以网络组织稳定性治理为保障，以合作剩余的合理分配促进合作剩余生成的闭环逻辑分析模型。本书丰富了网络组织治理领域研究内容，提升了研究深度，因而具有很强的创新价值和理论意义。通过对合作剩余的生成机理、基于稳定性的合作剩余分配方法、网络组织稳定性的治理、治理理性选择条件的论证等研究提供网络组织稳定性研究的理论依据和现实指导，因而具有很强的实践意义。

（1）理论层面。合作剩余的生成是一个长期的过程，是网络组织形成的根本目的，成功与否依赖于网络组织成员价值取向是否一致、机会主义是否得到抑制。网络组织是为获取互补资源和能力主要合作目的基础上，通过有效治理、知识共享、关系资产投资等因素来生成合作剩余，并以此探究合作剩余的生成机理。

（2）方法层面。针对网络组织合作剩余生成流程与 IDEF0 功能模型的对应关系，对影响合作剩余生成的阶段进行划分，提出各阶段影响因素的测量方法，在此基础上按照网络组织稳定性的治理目标、规则，设计面向稳定性的合作剩余分配方法，以上研究弥补了合作剩余分配方法的不足，提高了网络组织的稳定性。

（3）实践层面。以合作剩余分配的视角研究网络组织的稳定性问题，期望不仅可以揭示网络组织生成合作剩余这一现象背后的机理，同时可以为企业的实践活动厘清一些相关逻辑从而贡献实践意义。主要包括合作剩余的分配策略，网络组织核心企业可以借助的分配模式，根据自身战略和网络内企业情况选择合理的分配模式；依据提出的合作剩余生成机理，政府可以进行制度设计，引导企业创新合作；有限理性条件下的网络组织治理措施，为个体理性与集体理性的统一提供保障等，从而得出网络组织生成合作剩余的一套治理机制、连接经济基础和上层建筑的管理模式，将对实践中的组织合作行为和行为选择给予合理的科学指导，同时提高企业竞争能力，使合作剩余的可持续性创造具有实践价值。

本书注重于面向网络组织稳定性的合作剩余研究，与一般性的网络组织治理模式相比具有如下特点：从研究逻辑来看，同属于网络组织治理研究的内容，因此并没有本质上的区别，但现有研究较少从合作剩余生成和分配的视角来研究网络组织治理问题，并且针对的是网络组织稳定性；从两者之间关系来看，合作剩余分配是网络组织稳定性研究的重要内容，但不同的合作剩余分配方式对网络组织稳定性具有不同的影响，不同的网络组织目标通过合作剩余分配来实现；从合作剩余分配的角度来看，不同的分配方法会导致不同的网络组织稳定性，不同的合作目标也需要选择不同的分配方法。因此，从稳定性的视角来研究提高网络组织稳定性的问题是一个新视角，具有理论意义和应用价值。

1.2 研究内容与技术路线

1.2.1 研究内容

（1）满足理性条件下的合作剩余分配机制与分配模式。基于个体理性和集体理性相冲突的视角，研究网络组织不稳定的原因，利用演化博弈论分析方法对其进行论证，得到网络组织成员的理性选择并对选择的原因进行解释分析，提出保持稳定性的网络组织治理策略。厘清"个体理性与集体理性冲突"和"合作剩余生成和分配"之间的逻辑关系，从而揭示合作剩余与实现网络组织稳定性的关联，提出合作剩余为主要研究内容的稳定性研究逻辑。设计满足理性条件的合作剩余分配理论模型，以此保障网络组织的稳定性。

（2）合作剩余生成的影响因素及其生成机理研究。归纳演绎合作剩余生成的影响因素，据此提炼出合作剩余生成影响因素的逻辑框架，进而运用系统动力学方法剖析影响因素间的因果关系，构建因果关系图，并就影响因素对合作剩余生成的作用机理进行仿真实验，以此揭示合作剩余的生成机理并提出提高合作剩余创造的网络组织治理策略。

（3）研究基于稳定性的合作剩余分配策略。网络组织的形成依赖于互补资源和能力的获取，而合作剩余的分配在很大程度上依赖于互补资源的投入以及网络组织成员之间的协调关系和合作产出的贡献，因此重点研究以上三个因素的核心特征并提出对应的测量模型。在此基础上，基于网络组织稳定性的目标要求，进一步提出合作剩余的分配方法。从理论上研究方法的合理性并用算例验证实用性。

（4）研究企业创新网络促进合作剩余创造的策略。以典型网络组织企业创新网络为例，从创新网络各主体的协同行为出发，以此提高合作剩余的创造。基于演化博弈理论，探究企业创新网络协同主体之间的协同演化行为，并从主体之间交易成本的降低、加强信任关系、提高协同意识、构建合理分配等方面给出提升策略。研究成果对于提升企业创

9

新网络整体协同水平、保障其协同创新活动顺利开展并促进合作剩余的创造具有一定的借鉴作用。

1.2.2 研究方法

根据以上论证的结果，针对主要研究问题，本书采用竞合理论分析方法、演化博弈分析方法、IDEF0 功能模型、Raiffa 值方法、系统动力学方法等模型和方法进行研究。

（1）演化博弈分析方法。演化博弈分析方法是将博弈论分析方法与动态演化过程相结合的一种分析方法，在有限理性和非完全信息的情况下研究博弈双方的行为选择，模仿者动态和演化稳定策略是演化博弈分析的最核心概念。本书针对个体理性和集体理性的冲突问题，使用演化博弈分析得出理性的选择策略，从而论证了冲突的存在并为冲突的协调提供思路。

（2）竞合理论分析方法。合作博弈研究参与人在竞争环境之中的利益分配和成本分摊，其中竞争环境形成的必要条件便是约束性的协议，如果参与人能够在协议之前采取某些策略，而这些策略能够影响之后形成的竞争环境，那么参与人就应该选择某个策略，以使形成的竞争环境更利于自己，因此研究以上问题必须结合非合作博弈和合作博弈理论。从竞争合作理论分析来看：网络组织中的合作本质上是竞争性的合作，具备网络组织所需资源的多家企业，具备合作资格，在分散决策环境下，独自确定各自最优的资源投入量（非合作竞争），通过合作创造剩余并分配满足各自企业对合作剩余创造的需求（合作竞争）。非合作博弈强调个体理性，其结果可能是有效率的，也可能是无效率的，但从长期来看是无效率的，而效率是保障效益的基础，其中效益是网络组织合作成功的重要方面，因此单纯的非合作不能保障网络组织的稳定性。合作博弈强调集体理性，强调效率、公正和公平，因此能够保障网络组织的稳定性。

（3）IDEF0 功能模型。IDEF（integrated computer-aided manufacturing definition method）是通过建模程序来获取某个特定类型信息的方法，IDEF0（IDEF – zero）是 IDEF 的功能建模，用于分析企业内部的各项功能的流程，通过图像模型说明这些功能是由什么掌控的，谁在执行这些功能，通过那些资源来实行这些功能，这些功能流程的效果是什么，以及它与其他功能之间的关系。网络组织合作剩余的生成类似于一个 IDEF0 的过程，因此可以利用 IDEF0 功能模型对合作剩余生成过程进行分析。

（4）Raiffa 值法。Raiffa 方法是在 Shapley 值、Nash 解等基础上，考虑分配值上下限的一种方法。其中分配值上限促进了积极的发挥，下限在一定程度上保护了弱者，同时初始条件较易满足并且计算量小，因而获得了广泛的应用。在此基础上，本书修正了 Raiffa 值的分配方法，使其满足分配的公理化特征并考虑决策者的个人偏好。

（5）系统动力学方法。系统动力学是一种描述和分析复杂系统行为的方法，目的是更好地理解合作剩余生成过程中到底发生了什么。系统动力学已经被用来理解和改进合作管理，从合作剩余分配的推动动力、网络组织的稳定性、知识转移等一系列工作开始。系统动力学模型能够帮助理解合作剩余生成的动态及其生成机理，例如影响合作剩余生成的过程、过程之间的相互联系和动态发展等。

1.2.3 技术路线

获取合作剩余是组织结网的动机，研究合作剩余的生成机理，就是为了保障网络组织合作成功，以此提高合作剩余的创造，从而保障网络组织的可持续；研究合作剩余的分配方法就是为了提出合作剩余的分配策略，提高网络组织的稳定性并促进成长，从而能够创造更多的合作剩余；研究影响网络组织稳定性的原因，进一步提升网络组织合作的成功率，以此保障合作剩余的生成。综上所述，"网络组织稳定性—合作剩余生成—合作剩余分配"形成科学问题的闭环结构，也验证了合作剩余生成和分配问题属于网络组织稳定性研究的核心。以上分析的研究框架路线如图 1－3 所示。

主要的章节安排思路为：从问题研究的逆向逻辑来看，研究网络组织的稳定性问题，主要考虑如何利用合作剩余的分配来实现网络组织的稳定性，而治理必须首先确定目标，本研究确定为保障网络组织的稳定性。网络组织治理目标确定后才能设计合作剩余的分配方法使其满足网

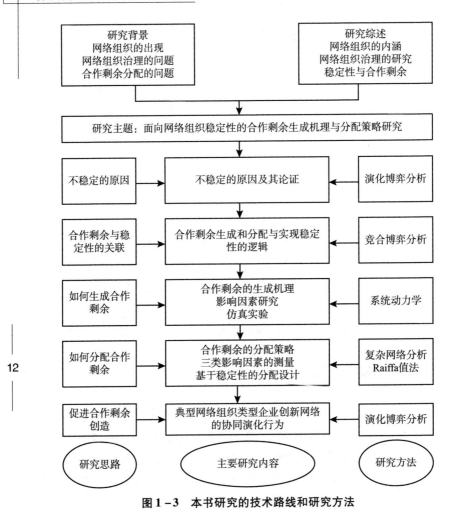

图 1-3 本书研究的技术路线和研究方法

络组织治理目标的要求，本书设计出了满足稳定性的合作剩余分配方法
（对应第 5 章）；要设计以上分配方法，必须清楚影响合作剩余的因素，
这些因素正是网络组织成员贡献测量的重要依据，也是分配方法设计的
基础（属于合作剩余生成的机理，对应第 4 章）；要研究合作剩余生成
机理特别是合作剩余分配在生成中的重要作用，必须明确合作剩余分配
与网络组织稳定性的关系（对应第 3 章）。从解决问题的正向逻辑来
看，基于个体理性与集体理性相冲突的视角，研究网络组织不稳定的原
因，从而提出稳定性的治理策略，在此基础上探究个体理性与集体理性

冲突从而影响网络组织稳定性的主要传导机制，本书确定为合作剩余的生成与分配，这就奠定了合作剩余生成和分配与稳定性研究的逻辑结构（对应第 3 章）；从而下文主要揭示合作剩余的生成机理（对应第 4 章）、提出合作剩余的分配策略（对应第 5 章），促进合作剩余创造的策略（对应第 6 章），为网络组织的稳定性研究提供保障。在以上分析基础上，以典型的网络组织类型企业创新网络为案例，以提高企业创新网络主体之间的协同行为为手段，促进合作剩余的创造以此保障网络组织的稳定性。

1.3　创　新　点

（1）从理性冲突视角，挖掘网络组织稳定性与合作剩余之间的耦合关系，提出面向网络组织稳定性的合作剩余研究逻辑框架。

利用演化博弈方法揭示了网络组织不稳定的成因是个体理性和集体理性的冲突，通过设计合理的合作剩余分配策略、提高资源的互补度、构建良好的合作关系等可以有效缓解个体理性和集体理性的冲突。在此基础上，依据合作剩余与理性冲突的关系，指出面向网络组织稳定性的合作剩余分配应当满足稳定性治理的需要，充分考虑理性约束条件，从合作剩余生成、合作剩余分配两个维度构建研究逻辑模型。

（2）结合网络组织运作的本源逻辑，建构基于互补资源→关系资产→治理机制三个维度的合作剩余生成机理模型，借助系统动力学揭示因素间的演化规律和作用机理。

充分考虑网络组织成员之间的竞合关系特征和理性冲突机制，通过归纳演绎提出互补资源、关系资产、治理机制三个维度是影响合作剩余生成的核心因素，基于此构建合作剩余生成机理模型。借助系统动力学的因果图和系统流图清晰地呈现互补资源、关系资产和治理机制三个维度对合作剩余生成的作用机理，揭示获取互补资源和能力是合作剩余生成的主要原因，关系资产投资是合作剩余生成过程的纽带，有效治理机制是合作剩余生成的重要保障。信任度、知识共享、合作剩余分配、网络能力和投机行为等对合作剩余的生成起到重要作用。

（3）揭示合作剩余生成过程与网络组织成员贡献的匹配关系，提出了基于 IDEF0 的合作剩余两阶段分配模型，满足了网络组织稳定性与分配机制合理性的双重约束。

突破传统的仅从某一角度对合作剩余分配问题的某一部分展开研究，结合网络组织的稳定性要求和合作剩余的生成机理，充分考虑资源投入、关系资产投入等影响合作剩余的关键因素和网络组织成员在合作产出中的贡献，设计了基于 IDEF0 功能模型的合作剩余两阶段分配模型。第一阶段中充分考虑网络组织成员贡献影响因素，将影响因素分别进行测量并提出集成算法，从而提出了合作剩余的首次分配模型。第二阶段结合成员的预期收益结构与网络组织稳定性的关系，通过设置合作剩余分配的扰动项来表示预期收益的变化，从而提出了考虑网络组织稳定性的合作剩余再次分配模型。以上分配策略满足了网络组织稳定性与分配机制合理性的双重约束。

（4）选取网络组织的典型类型企业创新网络，利用演化博弈方法揭示各创新主体的协同演化行为，提出提高协同度的策略，从而促进合作剩余的创造。

基于演化博弈理论，探究企业创新网络协同主体之间的协同演化行为，并从主体之间交易成本的降低、加强信任关系、提高协同意识、构建合理分配等方面给出提升策略。研究成果对于提升企业创新网络整体协同水平，保障其协同创新活动顺利开展提供一定的借鉴作用。

14

第 2 章 文 献 综 述

2.1 网络组织的内涵

现实中许多特定的组织形式，比如战略网络、集群、虚拟企业、联盟和合资等都属于网络组织形式，学者们展开了广泛的研究，取得了丰硕的成果。在制度经济学中，网络、市场和层级是相并列的资源配置方式，介于市场与层级之间的混合模式（早期称之为中间型组织）作为一种新的组织模式（Williamson，1973），能够减少交易的成本和提高利益的创造，理论界将其称为网络组织。

由于研究视角的不同，对网络组织的界定并没有形成统一的说法，其中一些代表性的观点如下：威廉姆森（Williamson，1973）最早认为企业和市场之间存在第三种形式，被定义为由于交易特征高低程度的不同而具有混合性的制度安排，贝克（Baker，1992）将网络组织定义为"一种跨越正式边界的、整合的社会网络"，在此基础上拉尔森（Larsson，1993）对交易的维度进行了修正，建议用市场、组织间协调和科层的三级制度框架来代替传统的市场和科层两级制度框架，以上三位学者都从组织成因的角度界定了中间性组织。波多尼和佩奇（Podolny & Page，1998）给出的概念为网络组织中成员重复、持久交流与彼此的关系，同时缺乏一个合法的组织权威仲裁和解决争端期间可能出现的交换，这个定义符合大多数网络组织的安排，同时不包括那些类似于市场或层次结构的组织形式。安娜（Anna，2017）提出网络组织是自组织的并由独立的组织（或代表组织的个人）所组成，这些组织通过持久和重复的合作、交换关系联结在一起，追求的目标具有同一性或者可能不具有同一性（冲突关系、不一致关系），因而网络组织的运作不仅包括二元，更需要包括多边的协调。自贾根良（1998）引入网络组织的概念以来，国内以李维安、林润辉、党兴华、孙国强、彭正银、阮平南等为代表的学者，对网络组织相关问题展开了深入的研究，比如孙国强（2016）提出的网络组织概念为：以独立个体和群体为结点，以彼此之间复杂多样的经济连接为线路而形成的介于企业和市场的一种制度安排，也可概括为企业及社会组织之间的跨边界的资源整合过程所形成的以各种经济性连接为纽带的分工协作系统，这种系统体现着由社会分工与商品交换所形成的能诱发各种交互作用的社会经济系统，严格地说，它是经济联系的一种更为发展了的形式，是经济联系在组织上的表现。鲍威尔（Powell，1991）认为网络组织是处理系统创新事宜时所需要的一种新的制度安排，是一种在其成员间建立有强弱不等的各种各样联系纽带的组织集合，它比市场组织稳定，比层级组织灵活，是一种介于市场组织和企业层级组织之间的新组织形式。企业集团、跨国公司都是网络组织，它们是一个有选择的、持久的和结构化的自治企业（包括非营利组织）的集合，这些企业以暗含或开放契约为基础从事生产服务，以适应多变的环境，协调和维护交易。

由于网络组织的复杂性以及"网络"对大量组织解释的适应性乃至普遍性，网络组织的功能区别于不同的网络组织类型。一些文献专注于"多面网络"（generalist）和"聚焦网络"（focused networks）的区别研究（Proto & Cabigiosu，2014）。"多面网络"是那些追求不同目标或缺乏共同目标的组织，例如包括将资源集中在一起的网络组织，以创新它们的生产流程，这些网络形成了一群公司，它们被嵌入到一个关系密集的社会关系网络中，它们开始在没有特定的集体目标情况下合作，但却在社会机制的指导下进行持久的交流互动（如买方供应商关系）。"多面网络"对应的治理模式多采用"参与式治理形式"，这种网络涉及大多数，所有网络组织成员在相对平等的基础上"共享参与者治理"（Carley，2003）。"聚焦网络"是那些在特定的公共项目中出现或形成的组织，网络组织成员之间的交流关系背后的动机可以追溯到一个共同的目标，比如从成员之间的知识共享活动中获得产品创新的专利。类似的还有"稳定网络"是指一个大型核心企业创立的、基于市场联系的、包括上下游合作伙伴的网络，参与成员也向网络外的组织提供服务，以有助于它们保持竞争力（Miles & Snow，1992）。另外，网络组织可以根据网络关系的正式性或非正式性进行不同的组织安排，但从方法论的角度来看，这种区别可能会产生重要的后果，例如，关于网络组织边界的定义，学者们还根据网络组织成员在供应链中所处的位置来区分垂直和水平网络（Pinckaers et al.，2012），事实上，这两种类型的网络可能会回答完全不同的研究问题（Porter & Powell，2006），因而需要特别注意。于唤洲（2010）提出两大类企业间关系组织形态，分别为面向具体的产品（或服务）和基于资源的企业间关系网络，中间产品和服务是构建前者的重要媒介，后者主要体现在互补资源的获取，取得更大的竞争优势和经济利益。本书研究侧重于"聚焦型"网络组织，一方面有利于合作目的的构建，另一方面具有相对稳定的网络结构，便于网络组织治理的统一分析。

最早提出联盟组合这一概念的学者是多兹和哈梅尔（Doz & Hamel，1998），他们把联盟组合界定为由焦点企业参与的一系列双边联盟的集合。鲍默等（Bauem et al.，2000）则认为联盟组合就是以焦点企业为中心的联盟网络。刘雪梅（2013）在联盟组合研究中认为联盟组合的构建就是要解决关系联结的问题，具体包括关系的内容、联结以什么样的关系形式以及所有关系形成的组合结构，发现其中主要是价值逻辑、制度逻辑以及关系逻辑等三种机制在起作用。张敬文等（2020）提出并实证联盟组合开放度、非正式独占性机制与开放式创新绩效之间的关系。孙国强（2016）分别基于管理学视角、经济学视角、社会学视角、系统学视角对网络组织的逻辑起点进行了系统化研究，给出了不同学科范式的网络组织构建的逻辑分析，丰富了网络组织理论。

综上来看，网络组织是介于市场与科层之间的一种组织形态，它吸收了科层组织和市场组织运作模式的优点，具有组织的柔性并能快速适应环境的变化，通过合作创新实现共同的目标。网络组织是由两个或两个以上的独立企业所构成，成员之间通过正式和非正式的契约关系、社会习俗、市场机制形成长期合作的关系网络。现阶段研究比较多的互联网平台，是由不同物理节点而结成的，侧重于平台资源的共享共治（Upson et al.，2000；王明国，2014），虽然都是网络治理，但本书的网络组织侧重于独立企业或组织之间因合作而形成的关系网络，是从组织理论展开的研究。网络组织的例子大多来源于企业的合作，也由政府机构科研院所、企业所组成，本书特指以企业作为单一类型成员而组成的网络组织，不包含其他混合类型。

2.2 网络组织的治理研究

网络组织的治理研究主要包含治理内涵、治理目标、治理机制、治理结构和绩效评价。

2.2.1 网络组织的治理内涵

最初的学者讨论网络是否应该被看作是对市场和层级制度的一种不同形式的治理（Williamson，1973；By，1974），或者仅仅是两者的混合体（Ahrne & Brunsson，2011）。拉尔森（Larsson，1993）指出科层组织是"看得见的手"，市场是"看不见的手"，而网络组织则是两者协调的"握手"。现在学者们也一致认为网络是一种具有自身逻辑和特定特征的治理形式（Miles & Snow，1992），它们的交流形式植根于社会，交易基于关系、共同利益，互动是基于非正式性和缺乏正式的界限（Ahrne & Brunsson，2011）。因此网络组织的出现催生了网络组织治理的这一新型治理模式。

在外文文献中，"network governance"可以翻译为网络治理与网络组织治理，因此无法直接从名词上进行进一步的区分，但从以下研究成果来看多集中于"网络治理"。琼斯等（Jones et al.，1997）给出了网络治理的通用定义，认为网络治理是有选择的、持久的和结构化的自治组织，以暗含或开放的契约为基础从事生产和服务，以适应多变的环境，协调和维护交易，同时治理的网络形式也是对资产的特殊性、需求不确定性、任务复杂性、交易频率等问题的一种响应，其实质是网络组织的定义，并未涉及治理机制或功能目标。戈德史密斯和艾格斯（Goldsmith & Eggers，2004）提出网络治理是一种全新的通过公私部门合作，非营利组织、营利组织等多主体广泛参与提供公共服务的治理模式，对网络治理理论体系给出了较为完备系统的介绍，从网络治理的定义到网络设计框架和未来发展方向都给予了详细的阐释。安娜（Anna，

2017）认为网络治理是把网络组织作为分析单元，目标是对集体行动的结构进行剖析，一般而言，研究网络结果如何通过其治理安排来解释，即网络组织成员在不同层次交互活动中开发的协调机制、过程和实践。雅各布森（Jacobson，2017）通过探索公共部门网络 40 余年的治理演进，提高了对网络治理的理解，未来的研究需要更全面地了解网络治理的发展以及治理演变对网络性能的影响。从以上归纳来看，网络治理即从网络整体出发，考虑节点空间位置、成员之间关系为研究因素，主要的目标体现在描述关系结构和用关系结构解释某些结果，类似于琼斯等（Jones et al.，1997）的网络组织定义，没有体现网络组织的目标和治理机制。

李维安等（2014）认为，网络治理包括对网络组织的治理，也包括将网络视为公司治理的一种现代化手段，具体包括组织网络治理、社会网络治理和技术网络治理三种形式。孙国强等（2016）对网络组织治理进行了界定，认为治理的主体是网络组织中的各节点，治理的客体是网络组织这一形态，治理过程是自我治理，具有自组织特征，并且认为网络治理即网络组织治理。李维安等（2016）指出网络组织的脆弱性和决策者的有限理性是实施治理的动因，由于网络组织的松散型特征（决策权分散、非对称性信息）和决策者的有限理性（认知偏差）等原因，在网络组织成员之间就会产生目标冲突和机会主义行为，而使网络组织成员的利益面临侵害，同时还要承担着交易的风险、资产专用性的风险，而网络组织是一种相对开放的组织，管理约束力度有限，从而影响了网络组织的稳定，因此需要对网络组织进行治理。

综上来看，国内外对于网络治理和网络组织治理的研究已经初具规模并且研究热度持续增加，并在发达国家和众多跨国组织的实践中得到很好的运用，但是作为正在形成中的理论，在理论层面尚未形成一个统一的较为公认的规范性定义和研究框架，且常常混为一谈。网络治理和网络组织治理是有区别的，前者偏重公共组织与服务，较少考虑组织目标和机制，本书研究的是网络组织治理，侧重于目标下的治理机制研究，因而采用孙国强等（2016）对网络组织治理的界定。

2.2.2 网络组织的治理目标

公司的治理目标在于决策科学化，制衡利益相关者的权利和义务，是权利和义务的回归。而网络治理是公司治理的延伸，但网络组织侧重于权利和义务的释放，侧重于治理的自组织，注重于协调和沟通，并且网络组织治理的关键在于实现协同效应，也就是创造合作剩余。琼斯等（Jones et al.，1997）认为网络治理的目标在于协调和维护交易，使其能够适应环境的变化。林润辉等（2013）提出网络组织治理的目标是协作创新和适应性创新。李维安等（2014）认为协调是网络组织的根本目标，维护网络的整体功效、运作机能以及成员之间的交易与利益的均衡。孙国强（2016）提出三个方面的治理目标，分别为增进信任，防范道德风险和搭便车等机会主义行为、提高网络组织的运行质量、促进节点之间的协同互动。因而，网络组织治理的目标不仅包含资源的优化配置、运行效率的提高，还包含提高协同效应和防范机会主义。另外还有公共治理的内容，比如政府或国家层面的治理等内容。

以上可见，治理的目标不仅包含治理的过程，如信任的建立、协同效应的达成等，还包含网络组织的绩效，比如价值的创造、资源的优化配置、交易的效率，同时治理过程能够保证治理目标的实现。

20

2.2.3　网络组织的治理机制

网络组织的治理机制是学者们研究的一个重点，是指在既定网络组织目标下，通过维护、协调、整合、保持成员之间关系以促使网络有序、高效运作，以实现网络治理的效果，通过结点间互动与共享，提高网络整体的运作绩效（李维安等，2014）。琼斯等（Jones et al.，1997）从需求的不确定性、资产的专用性、任务的复杂性和交易频率四重维度出发，结合结构嵌入理论，给出网络治理的社会机制，主要包含限制性进入、宏观文化、联合制裁、声誉，在此基础上从经济学与社会学相结合的视角给出了基于交换和社会治理的网络组织治理机制。研究成果具有一定的先导性，但现实经验并不完全支持限制性进入，如强弱之间的联合、上百个企业形成的大型网络等。罗宾逊和斯图亚特（Robinson & Stuart，2000）认为治理机制的存在可抑制机会主义行为，如果缺乏有效的治理机制，合作成员的不同利益引起的激励问题将会扭曲合作行为而使得合作关系失效。康威（Conway et al.，2001）等提出网络研究应该分为网络和关系层面，其中网络层面主要研究网络规模、多样性、稳定性和密度，关系层面主要是网络组织的构成要素及其相关活动，而网络活动则集中在运行机制。孙国强（2016）提出了治理机制是实现网络组织协同效应的前提和基础，但相关实证研究还少见。李维安等（2014）提出网络治理机制包括信任、学习、利益分配、协调、声誉、文化、激励机制等，可以概括为网络形成和维护机制、互动机制和共享机制三类。孙国强（2016）认为网络组织治理是包括目标、结构、机制、模式和绩效的复杂系统，治理机制是网络组织治理的核心，可以将治理机制分为两类，即信任、声誉、联合制裁、合作文化等行为规范方面的宏观机制，以及学习创新、激励约束、利益分配、决策协调等运行规则方面的微观机制，以此构建了网络组织治理机制的体系。安娜（Anna，2017）采用动态的视角来讨论网络的行为、变化和治理问题，认为网络协调机制具有管理不确定性、管理成员间冲突以及协调网络活动等非常困难的任务，提出将协调机制分为两类：社会机制和制度机制。从以上来看，对网络组织治理机制的研究大多数局限于理论和规范的分析和描述，少数实证分析也仅仅是对网络治理机制的探讨和归纳，很少从影响网络组织目标的视角进行分析。

各个流派从不同视角出发对治理的相关内涵进行分析，但由于基于不同理论、不同治理模式的独特性和多面性，通过不同理论演绎的研究模型只是从不同侧面为治理机制的选择提供了碎片化的贡献，还不能完整地阐述网络组织治理的机制，难以形成完整的理论体系和分析框架。因而在研究网络组织治理时，需要探索多理论融合的统一逻辑分析框架，包括网络组织治理边界、治理机制、治理目标和治理结构的治理体系框架等。另外网络组织的理想治理机制应该首先从保证合作目的的一致性出发，融合多重治理理论，才能保证有效治理的主要影响因素被尽可能纳入治理契约中。网络组织治理的机制立足于不同的治理目标，缺少治理关键问题特别是合作剩余分配的研究，现有研究多从合作剩余分配的合理性研究角度分析网络组织治理的有效性，但缺少治理目的的本源性研究，前者属于网络组织治理的结果，而后者属于网络组织治理的动因。

2.2.4 网络组织的治理结构

网络组织是因合作而形成的关系网络，因而合作关系的治理成为网络组织治理的重要内容。约翰尼松（Johannisson，1987）在 1987 年就开始研究治理结构，指出网络结构的基本特征在于节点的位置及其在联结特征中的表现形式，认为组织过程中的网络演化动力非常重要。古拉蒂和辛格（Gulati & Singh，1998）以社会网络理论视角对战略网络的形成、治理机构、动态演化及其绩效进行了研究，提出治理结构是合作关系的正式契约结构，并以外生的资源依赖和内生嵌入驱动为初始条件研究了联盟网络的动态演化过程。孙国强（2016）提出网络组织治理是自组织演化的活动，不但包含正式契约结构，更重要的是还包含由于非正式契约而形成的企业间跨边界合作关系，认为更多地体现在以信任为基础的隐含契约或心理契约，即非正式契约。林润辉等（2013）认为网络治理结构包含网络节点、节点之间的关系以及网络结构整体。

嵌入理论为网络组织结构的研究提供了新视角。梅斯纳尔等（Messner et al.，2000）提出了网络结构的三个特征，分别为水平联结、跨组织关系和行为主体的互动。阿费加和卡利（Ahuja & Carley，1999）主张从实证上检验网络结构的三个维度：层度、集中化和层级，并总结出关于网络结构的相关理论，比如资源依赖与关联交易理论、散播理论、认知理论和网络组织形成理论。霍尔施泰因等（Hollstein et al.，2017）认为对网络结构的分析是深入了解网络治理所做的和能够实现的、为什么实现它的原因，以及这些网络的社会意义的先决条件。社交活动、互动，以及人际关系的形成，社交网络使人成为社会性，交易、互动、社会关系和对话构成了社会生活的核心内容，在分析网络治理时忽略这个事实或者只是简单地给它一个比喻的解释，就有可能忽视了这些结构的细节和分析时可以获得的主要见解。

网络组织治理结构与科层组织的治理结构存在着本质的区别，主要表现为点到点之间的联结到由点通过线扩展到面的整体互动和动态演化过程（邵云飞等，2009），高霞和陈凯华（2014）利用专利数据库，借助复杂网络分析方法，研究认为 ICI 合作创新网络规模呈现增大趋势，具有明显的小世界和无标度特征，后来的学者也发现战略网络、虚拟企业和集群企业等都具有小世界的网络特征。鲍劳巴希（Barabási，2004）发现了互联网、病毒网络、人类沟通网络、科学引文网络、演员合作网络、科学家合作网络等服从无标度的幂律分布，均具有普遍的无标度特性。刘国巍（2014）认为产学研合作创新网络经历了混沌形成、无序扩张和有序发展三个阶段。网络结构的演化动力属于微观层面的研究内容，已经引起了重视，但主要针对专利数据库或某行业数据得出网络结构的演化特征，更具有一般性的网络结构演化结论还有待于深入。

综上来看，物理学界和社会学界推动了网络组织结构及其动态演化规律的研究，下一步更加需要多学科的交叉与融合，有利于更深入地解释网络组织的结构及其特征，推动网络组织治理研究的进展。

2.2.5　网络组织的绩效评价

治理绩效是网络组织治理效果的评价，研究成果非常重要。李维安等（2014）提出网络治理绩效为不同市场主体在网络化协作的框架之内，相互依赖，相互补充，资源共享，风险共担，通过一系列协同互动的交互作用在一定时间内所增加和创造的价值总和，即协同效应的大小。

现有关于网络组织治理绩效和评价的研究多从特定的网络组织模式展开。凯尔等（Kale et al.，2001）认为联盟成功与价值创造的评估包括联盟成功的管理评估、价值创造的股市测度两个方面。拉默斯等（Lummns et al.，1998）从供应、转换、交换和需求管理四个方面提出了供应链绩效十个主要考核指标。阿胡贾和高尔文（Ahuja & Galvin，2003）从任务特征、组织结构与绩效之间的关系出发，定量地研究了虚拟组织的绩效问题。李维安等（2003）从网络组织整体视角建立了基于能力的网络组织评价指标体系。

在网络组织治理传统研究的持续关注下，对网络性能或网络效果的研究提供了一种绩效驱动的视角，哪些因素会导致更有效的网络组织治理（Ysa et al.，2014）。汉斯（Hans，2016）指出媒体关注的看法对网络性能有负面影响，但网络管理活动会显著减少这些影响。为数不多的学者对整个网络绩效进行了研究（Morales & Meek，2019），大多数研究都采用了案例研究方法和定性的比较分析。虽然许多定量研究强调了网络组织绩效的重要性，但很少有人研究网络组织整体的影响，因此，对整个网络性能的研究仍然需要提高对网络绩效的理解（Provan &

Lemaire，2012)。毅（Yi，2017）比较和评价治理网络的绩效是网络治理和公共管理的研究人员和实践者的重要任务，指出网络的性能和有效性的研究与网络分析中的理论和方法的进展不同步，因而建议采用大样本进行测量。从以上成果来看网络组织治理绩效管理的进化规律体现出一种从低级到高级的动态趋势，演绎了"结果"与"过程"之间的平衡特征。同时现代网络组织治理面临更广泛环境影响力的挑战，很难用企业委托代理理论的契约关系解释或者保证治理的有效性。

2.3　网络组织的稳定性研究

国内外学者关于网络组织稳定性的研究主要集中在技术创新网络、战略联盟、产学研创新网络等网络组织形式。20世纪90年代，斯派克曼等（Spekman et al.，1998）指出联盟稳定性将成为未来研究的主要方向，联盟稳定性问题研究开始受到理论界的关注。主要研究集中在网络组织稳定性的概念，影响网络组织稳定性的因素等。研究网络组织稳定性的相关理论主要有资源依赖理论、交易费用理论、战略管理理论等。

稳定性的研究是来源于网络组织较高的失败率，也就是较低的稳定性。英克彭和比米什（Inkpen & Beamish，1997）认为联盟的不稳定性是联盟一方或多方非计划性或未经深思熟虑的意外终止或重新组织。燕和曾（Yan & Zeng，1999）将不稳定的定义分为两类，一是基于结果的不稳定性，一是基于过程的不稳定性，前者例如联盟的终止或解体，后者涉及网络组织的结构或契约关系的变化等。姜等（Jiang et al.，2008）提出战略联盟的稳定性为：在联盟内有效协作关系的基础上，联盟成功运行和发展的程度。原毅军等（2013）提出以联盟组建、联盟运行和联盟利益分配的联盟稳定的研究框架。阮平南等（2014）通过资源依赖视角、交易费用理论、战略网络等视角或理论，提出了依据组织理论的视角对网络组织稳定性进行整体研究。李等（Li et al.，2016）对联盟稳定性进行了综述，追踪了国内外稳定性研究的相关成果。曹霞和于娟（2014）基于系统学、生态学理论界定了产学研联盟的稳定性内涵，划分稳定性动态演化的形成、波动和恢复三个阶段，揭示了主题协同动力和行为促使联盟稳定有序运行的原理和规律，设计了"激励—协调—保障"的联盟稳定性实现机制。李玥（2019）总结影响产业技术创新战略联盟的八大因素，分别为联盟成员的信任度、联盟利益的分配、联盟伙伴的匹配、目标的一致性、科技中介机构的监督支持、政府的引导和联盟的资源及技术能力，得出联盟伙伴选择和利益分配是稳定性的驱动因素。段云龙等（2019）研究表明伙伴匹配性、目标实现度、契约约束力、成员信任度和管理有效性对联盟稳定具有显著的正向影响，环境动荡性对联盟稳定性具有直接负向影响，环境动荡性在联盟成员信任度、管理有效性与稳定性之间起到调节效应（Poppo et al.，2016）。联盟的稳定性是动态的、以过程为基础的，但稳定性的一般性含义还缺乏统一的标准（阮平南等，2014；Li et al.，2016），而学者们关于稳定性的相关研究都将为网络组织的稳定内涵提供借鉴。

综上来看，治理的关键在沟通、协调，规避机会主义或者搭便车行为，促进网络组织的可持续性，但是出现以上问题的根源在哪里，还缺乏进一步探讨。大多数文献对治理要素中包含的治理结构、治理机制、治理绩效等问题分别进行了研究，但缺乏对它们之间关系的关注，并未建立起网络组织治理的整体框架结构，特别是围绕"治理目标"下的治理机制、治理结构、环境、边界和治理绩效等。对特定网络组织的治理研究，其治理结论的普遍性还有待于检验，比如虚拟企业、集群、战略网络等。

2.4 合作剩余的内涵

合作剩余的内涵研究主要针对不同学科、不同类型的问题提出合作剩余的定义，按照不同的标准或视角分析合作剩余的不同类型。

2.4.1 合作剩余的相关定义

学者们从不同的视角提出了合作剩余的相关概念，如表 2 - 1 所示。

表 2 – 1   合作剩余的相关概念

分配名称	分配概念描述
剩余索取	指一个联合或联合使用的输入，产生的输出大于单独使用的输入的产品的总和（Alchian & Demsetz，1972）
合作剩余	通过合作所得到的纯收益与不合作或竞争所能得到的纯收益之间的差额（黄少安，2000）
组织租	节约成本的各种方式反映了不同企业剩余收益产生的方式，将这种收益统称为组织租（Aoki，1984）
关系租金	企业所创造的收益在支付了所有组织成员保留收入之后的余额（陈赤平，2007）
网络剩余	网络所创造的总利润减去网络组织成员所创造的单位利润之和或一体化经营利润后所得的剩余（刘佳和王先甲，2019）
网络租金	网络租金是网络组织的总利润减去一般利润后的剩余。一般利润是企业采取独立等方式所能创造的最大价值（孙凤娥，2013）

　　从分析来看，租金的相关概念和剩余类的相关概念都在网络组织研究中发挥了重要的作用，并且从不同的视角解释了网络组织租金和剩余的生成，竞争优势获取等，为合作剩余的相关研究提供了思路。本书研究采用合作剩余的概念进行表述，一方面认为合作剩余是经过内化吸收、市场交易等环节而剩余的可以分配的部分，当然不可分配的部分由契约规定或者经过一定的时间效应后，也可能变成可分配的部分，比如专利使用、商标权限、合作信誉和声誉等，因此简化了利益分配环节的总量认定和繁杂分析；另一方面，租金更加强调企业的获取、侧重于成本和经济利益的协调关系，而合作剩余侧重于利用契约治理和关系治理，一定程度上实现合理地分配，为进一步突出是因为企业之间合作而对生成利益进行研究，因而本书采用合作剩余的表述。

2.4.2　合作剩余的相关分类

　　考虑网络组织的性质及成员的多样性和复杂性，其合作剩余也具有多种不同的存在形式。与传统的边际贡献分配因素相比，考虑了网络组织的有形利益和无形利益、直接利益和间接利益、可分利益和不可分利益等多种形态和特点（孙耀吾等，2014），体现了网络合作的复杂性和网络组织成员的异质性及其利益偏好，关注了网络组织的稳定性和调动成员积极性的更多因素。

合作剩余的生成来源于网络组织内部的合理化专业分工、资源的优化配置、知识的积累与创造以及网络组织成员各方的协调与合作（宗文等，2017）。其中一部分由于网络组织成员的学习吸收、创新、知识转移、网络组织的外溢性等原因已经内化为网络组织成员自身的利益，这部分利益由网络组织创造但在合作过程中已经被网络组织成员自身所占有，因而是不需要也不可能再分配的利益。一部分利益以物化的形式体现，可以直接进行分配或可以分配，例如利润、股权等；而另一部分是以网络组织声誉、品牌等形式体现，此部分不能直接进行分配或短期不可分配，但如果网络组织持续存在，此部分最终也会转化为可以分配的物质利益，从而后续可继续进行分配。如果网络组织重构或者解体，那么此部分利益也将不复存在，因而也不再需要分配。

从以上分析可见，网络组织合作剩余的分配问题实际上可以看成是在特定时间节点上进行可分配利益的分配。但为分析方便，在不涉及分配总量的确定问题上，不再需要严格区分可分配的部分和不可分配的部分或者间接分配和直接分配的部分，其得出的分析结论并不受影响。实质上，对于不可再分的网络组织创造的利益或者不容易认定，因具有公共品的不可分性和公共性，可以用合作竞争理论和博弈论方法从相关资源视角、结构洞视角和资源开发视角共同进行分析。对于可以分配的合作剩余，可以参考运筹学的决策分析模型进行分析或求解，也是本书研究的重点。

2.5　合作剩余的来源研究

分析合作剩余的来源，主要包括影响合作剩余生成的因素及其分析方法，以此揭示合作剩余的生成机理。

2.5.1　影响因素及其研究方法

与单纯的市场关系相比，网络组织成员之间的关系联结具有特殊性，比如关系资产投资这种特定网络关系，比如相互信任、加强沟通（Poppo et al., 2016；Dyer & Singh, 1998）。成员之间广泛的知识共享（转移）是实现合作创新的中间环节（Dyer et al., 2008），也是链接互补资源和价值创造的重要环节。当然互补资源之间的整合也能直接实现合作剩余创造，但对于相互依赖程度较高的互补资源的价值创造效果如何还有待于进一步分析（Dyer et al., 2018）。互补资源和能力的投入将促进新知识、新服务、新技术和新产品的创造（Kale et al., 2002）。有效的治理机制是实现激励和规避机会主义的关键途径，从而节省成本并促进合作利益的产生，保障创新网络目标的实现（Dyer et al., 2018）。

组织间的资源联系可以成为竞争优势的重要来源，在可能导致创造利益的互补性的基础上，企业往往结成联盟，从而扩大其资源基础、知识基础和跨组织边界的能力。戴尔和辛格（Dyer & Singh, 1998）提出关系视角并研究了公司间的价值创造理论和联盟中价值创造和合作剩余的主要决定因素。在此以后，许多研究体现在价值创造（Kale et al., 2002；Lavie, 2006；Zhang, 2017）。但现有研究视角多以静态模型为主，并未考虑合作和价值创造相互影响以及随着时间而发展变化的规律，因此动态模型至关重要，因为它有助于人们更加深入地理解推动合作的原因以及导致价值创造的因素。

联盟在合作价值创造方面的结果都是积极的（Pargar et al., 2019），然而，很多网络合作并未达到预期，最终失败，这就意味着联盟所遵循的程序对合作成功的影响并没有完全清楚，而且经常存在一定的争议，比如说专用资产投资对合作成功的影响、信任的程度对成功的影响（Poppo et al., 2016）、知识锁定效应对其的影响、关系锁定对价值创造的影响等。尽管影响因素和影响作用各不相同，但因果关系往往保持一致性原则，许多联盟的特性有助于成功，而每个特性也强化了其他特性的影响。因此应该评估和澄清各种联盟管理机制和结果之间的功能联系。

系统动力学是一种描述和分析复杂系统行为的方法，目的是更好地理解价值创造过程中到底发生了什么，被证明是一种有效的解释合作成功、失败原因的方法，并为合作管理实践提供最佳见解，已经被用来理解和改进合作管理，从合作剩余分配的推动动力（Zhang et al., 2017）、合作网络的稳定性、知识转移等一系列的工作开始。动态模型能够帮助

28

理解价值创造的动态及其影响，例如影响价值创造的过程、过程之间的相互联系和动态发展等。系统动力学模型通过考虑在合作运行时预先做出的决策，以及提供这些决策对合作实施绩效的长期影响做出指导，从而促进网络组织的战略管理。随着技术合作问题的日益复杂，战略管理对于价值创造变得越来越重要。传统的工具和思维模型不足以处理合作剩余创造的动态复杂性。

2.5.2 合作剩余的获取途径

网络组织作为实现和保持持续竞争优势的战略工具重要性的日益增强，伙伴间网络组织的价值创造得到了相当的重视（Adegbesan & Higgins，2011）。然而，大部分注意力集中在通过合作行为在伙伴间网络组织中创造的价值（Barney，2018）。相反，由于网络组织的伙伴之间竞争而在伙伴间创造的价值仅仅被视为机会主义行为，并且认为这种行为在长期内影响着网络组织的可持续性（Gans & Ryall，2017）。然而现实中，伙伴间网络组织很少是纯粹的合作性质，事实上，它们同时存在合作和竞争（Ritala & Tidström，2014）。有证据表明，由于技术的迅速发展和商业环境的不确定性，当今大多数网络组织发生在同一行业的竞争对手之间，而这些网络组织在很大程度上是相互竞争的（Khanna et al.，1998）。合作竞争关系在网络组织中的重要性日益突出，需要采用竞合视角来研究合作剩余的创造问题。

在伙伴战略层面上，合作为单个伙伴提供了额外的手段，使它们能够与竞争对手合作创造价值，并从这些价值中分得一杯羹。基于案例的研究表明，伙伴是如何为实现这些目标而采用合作竞争战略的，例如，里塔拉和蒂特马斯（Ritala & Tidström，2014）研究了亚马逊是如何发展商业模式以使得合作伙伴能够与竞争对手合作？通过增加在线销售来共同创造价值，最终在不断增长的市场中获得适当的利益。同样，三星和索尼在液晶电视市场上的竞争和合作也显示了在价值创造方面合作所面临的挑战和机遇（Ritala & Tidström，2014），三星和索尼就是为获取私有利益而合作的一个例证。因此，从竞合分析视角来看，在网络组织的相关活动中边界外的竞争也是一个重要的价值来源（Adegbesan & Higgins，2011；Barney，2018；Gans et al.，2017；Ritala & Tidström，

2014），这种竞争不会对网络组织产生负面影响，也属于创造价值来源的一部分（Ritala & Tidström，2014）。例如，索尼和三星利用各自的优势，充分利用了彼此的互补资源和能力，并从这一网络组织中获得了实质性的利益。

在共有利益和私有利益研究方面，坎纳等（Khanna et al.，1998）认为共有利益是由网络组织的伙伴共同努力创造的，戴尔等（Dyer et al.，2018）将共有利益定义为关系租金，它是通过关系特定的资产、知识共享例程、互补资源和有效的治理机制实现的。共有利益是指从网络组织伙伴的共享资源中获得利益（Ritala & Tidström，2014），而私有利益则是指伙伴通过运用从网络组织活动中获得的知识和技能而获得的资源（Lavie，2006）。戴尔等（Dyer et al.，2008）给出了共有利益和私有利益高低不同时对网络组织稳定性的影响，认为当网络组织产生的共有利益和私有利益都很高时，网络组织是最稳定的。

在合作竞争视角下，由以上分析可知价值创造的维度会发生变化，此时网络组织价值创造的机理如何需要进一步研究。

30

2.6 合作剩余的分配研究

网络组织生成的合作剩余按照某种规则或方法以实现分配，需要研究合作剩余产生的理论基础及其影响合作剩余生成的因素。越来越多的证据表明网络组织是合作剩余生成的一个重要来源，但对影响成员如何瓜分合作剩余的因素知之甚少，而正是这种影响合作剩余生成与分配的结合构成了网络组织对企业绩效的贡献（Dyer et al.，2008）。因此合作剩余分配是保障网络组织稳定性的关键所在。

2.6.1 分配研究的理论视角

交易成本理论。也称交易费用理论，该理论的四个决定因素是交易的频率、交易的不确定性、资产专用性和任务复杂性。该理论能有效地解释网络组织形成的经济原因，一方面是因为合作引起交易成本的降低和收益的增加而导致总体收益的增加；但另一方面为了抑制合作过程中机会主义行为的出现，需要制定完备的契约制度，而这又增加了交易成本，当网络组织合作带来的收益增加远远大于交易成本的上升时，网络组织的合作才能顺利进行。

资源类相关理论。企业参与网络组织的动机就是为了实现与其他参与企业的资源互补，进而提升企业自身资源的利用效率和市场竞争能力。如果所有的企业都能够提供互补资源，那么网络组织的竞争力将大大增强，因此资源类相关理论对合作剩余的分配起着决定作用。资源类相关理论主要有资源基础理论（Xia et al.，2018）、资源依赖理论（Wassmer & Dussauge，2011）和动态能力（Teece，2018），其中动态能力被视为企业获取持续竞争优势的源泉，它是在资源基础理论静态性分析的基础上，采用动态分析的方法，对有价值的资源培育问题、能力演化问题进行分析。对于资源类相关理论，主要关注的是网络组织成员的主体因素，考虑了网络组织成员合作之间的互补关系，是进行合作剩余分配研究中网络组织成员所表现出的主要方面，是创造竞争优势的独特资源。从资源基础理论强调的静态观点、到资源依赖理论的相对动态和共享观点，再到动态视角的动态能力视角，强调了独特资源共享、消化吸收、创新而创造合作剩余的新思路，但没有考虑网络组织成员由于合作关系而形成的关系资源以及所嵌入的网络结构和制度环境等。

社会网络理论。战略资源基础理论认为关系是提供资源共享的纽带，而关系在网络组织中用连线和节点所表示的（Liu & Yang，2019）。古拉蒂和辛格（Gulati & Singh，1998）认为网络资源能够给网络组织成员企业提供有价值的信息，能够快速响应市场并采取行动，从而获得综合竞争优势。处于网络组织"结构洞"位置的网络组织成员因具有更多的异质性资源或互补性资源，因而具有较强的竞争力（Schilke，2014）。社会网络的相关测量方法主要有 Burt 约束、节点中心度、网络密度、等级、介度等，其中以介数中心方法性能相对较好（Morelli et al.，2017）。

从本质看，组织间关系是一种无形的关系资源，是一种社会认知资源、组织的外部资源和无形资源。但是，上述各种组织间关系恰恰没有被纳入资源基础观和交易成本理论的分析框架，同时以上各种理论、因素都受一定的内部、外部环境因素的影响。从以上分析来看，交易成本理论更关注的是网络组织成员之间交易特征的集合，合作动因的经济学解释；资源类理论、动态能力理论主要考虑的是网络组织成员的主体属性与能力特征；而社会网络理论又与网络结构因素、环境因素相关联。从整体来看，成员资源因素、动态能力、合作经济动因和网络结构主要属于内部分析因素，而环境因素主要在外部发挥作用。

2.6.2　影响合作剩余分配因素的测量

从合作剩余分配研究的理论基础来看，影响因素的测量主要考虑资源的投入数量、协同能力和结果的产出贡献。协同能力采用复杂网络中的"节点重要性"评估方法、基于网络拓扑结构进行分析等。

网络结构在合作剩余分配中的作用一直没有得到充分的探讨。我们认为，组织间网络中的有利位置为企业提供了从网络组织中获得比其他合作伙伴更多合作剩余的优越机会。"节点重要度"概念或者指标最早被用于描述复杂网络的节点重要程度，近年来研究成果十分丰富，王等（Wang et al.，2011）提出了一种基于聚类的节点压缩方法，节点重要性被定义为节点本身和相邻节点重要性的加权总和，考虑了节点的连接特征，通过实例验证了改进方法的可行性和有效性。刘等（Liu et al.，2014）从多个角度对节点重要性进行了综合评价，提出了改进的 k－壳体分析方法，为全面评价节点的重要性，提出了一种基于相似理想对象（TOPSIS）的排序方法，并对其优越性进行了区分。胡等（Hu et al.，2014）从节点相互依赖的角度出发，考虑节点的初始重要性和相邻节点和非相邻节点的重要性，并通过特定网络验证了有效性。沃尔特曼（Waltman，2016）认为从引用网络中提取的信息是非常有限的，研究人员应该避免引入新的指标，除非它们给现有的指标带来明显的附加值，这一建议同样适用于度量指标趋向于增加的其他领域。廖等（Liao et al.，2017）指出许多流行的排名算法（比如 Google 的 PageRank）在本质上是静态的，因此，应用于实时快速发展真实网络时，它们表现出了一些重要的缺陷。艾（Ai，2017）研究复杂网络熵变的节点重要性排序，将节点重要性定义为网络熵在移除前和之后的变化，通过几个知名网络的实证显示了熵度指标的优越性，尤其是在识别最重要的节点时表现优于其他的中心指标。张和陈（Zhang & Chen，2017）基于结构洞的理论对高速客运交通综合网的节点重要性进行了评价，认为网络节点排名度量的广泛而全面的性能评估是未来研究的一个重要方向。斋藤等（Saito et al.，2016）提出了一种新的社会影响节点发现方法网络，称之为"超级介质"，也就是说，那些节点，如果被移除，就会减少信息传播。周漩等（2012）考虑了节点效率、节点度值和相邻节点的重要度贡献，设定平均度值的平方倒数作为对相邻节点的相同平均贡献比率。范文礼和刘志刚（2013）考虑了网络节点的重要度不仅和节点局部重要度与网络位置有关，而且和节点之间的相互依赖程度密切相关，但在综合考虑全局重要性和局部重要性时，在计算同一公式中两次使用网络效率、节点度值等指标，并且指标之间存在相互定义的情况，因而计算节点重要度的合理性值得商榷。

2.6.3　合作剩余的分配方法研究

合作剩余分配是网络组织治理的重要组成部分，针对网络组织治理的一系列研究涉及通过合作剩余分配进行激励机制设计的相关内容，但并未对合作剩余分配的问题进行深入分析，但至少说明已经引起了一些关注（孙凤娥，2013；孙耀吾等，2014；宗文等，2017；胡石清，2018；孙红霞和张强，2018；Nash，1941；Kikuta，2017；姜启源等，2011），以上研究都从理论上对合作剩余分配额大小的影响因素进行了分析，但还缺乏实现合作剩余分配的工具。

虽然理论界缺乏合作剩余分配的方法研究，但体现合作关系的利益分配方法可以为本研究提供借鉴。合作剩余分配模型主要来源于合作对策的博弈分析，主要由三大类组成：第一类考虑满足公理化体系的分配方法，认为网络组织中任何网络组织成员之间都存在合作关系，并且任意网络组织成员组合创造的租金都是已知的，其中以 Shapley 值或 Shapley 值的改进算法为代表（Brügemann et al.，2019；张瑜等，2016），也是实现利益分配的最常见方法之一，其本质是依据网络组织成员的贡献决定各自应获利益的份额（孙耀吾等，2014）。但需要完备的信息并且计算量比较大（姜启源等，2011），同时原有模型和已有研究较少考虑网络组织成员的主体特征和多种利益分配形式对分配的影响（孙耀吾等，2014），从而难以体现现实中的利益分配制度设计需求。第二类是在满足网络组织成员实力相差不大前提下提出的分配方法，例如协商解、满意解、Nash 解（Nash，1941）等，但总体上偏袒实力较强的网络组织成员；第三类模型的典型代表是 Raiffa 解（Kikuta，2017；Nash，1941；姜启源等，2011），满足的前提条件相对宽松，只需要 n－1 个网络组织成员合作创造的利益数值，因而计算量相对 Shapley 值法小，同时考虑了分配的上下限（Kikuta，2017），又吸取了 Shapley 的思想，能在一定程度上保护弱者，因而引起了广泛关注，但由于分配方法采用"二分法"进行，未能考虑网络组织成员的不同重要性差异，因而分配方法还需要进一步改进。以上合作剩余分配的实现方法都是从结果和贡献度来分析，对合作的前期和中期影响因素还缺乏进一步的考虑，未考虑合作剩余生成是一个连续的过程。合作剩余分为共有利益和私有利益（Dyer et al.，2008），而现有分配方法针对的是共有利益的分配，缺乏私有利益在合作剩余分配中的重要参照作用，缺乏网络组织的稳定性考虑。

从以上分析来看，现有分配方式只是针对某点分配，缺少系统性的分配方法，比如 Shapley 值法，只是针对特定条件求解，缺乏网络组织合作的本质体现；按照贡献进行分配的方法，但问题是贡献如何测量并且缺乏有针对性的方法（孙耀吾等，2014）；按照网络权利进行测量（Brügemann et al.，2019），利用序数和基数方法，但问题是未考虑其他因素的影响；价值创造与价值获取相关研究，提出了网络组织成员应该分配到更多关系租金的结论，但缺乏具体的实现方法；利用博弈论参照供应链的模式进行研究，一方面网络组织区别于供应链组织，另一方面供应链也仅仅局限于 Shapley 值法等；现有分配方法缺少分配后的优化调整，未体现动态性（Carley，2003），也不利于事后的调整；未考虑全部过程的影响因素及其相互作用关系的研究，因此针对以上问题本书将开展相关研究。虽然合作剩余的分配研究成果显著，但总体上不成体系，大多数围绕既定的网络组织类型或从某一角度对合作剩余分配的问题展开研究，仍未形成一整套的理论体系。这主要是因为与网络组织成员剩余分配直接相关和间接相关的因素非常复杂。例如，企业投入网络组织的资源、间接运用或者占用的资源，在合作剩余生成过程中的地位和所发挥的作用，乃至对合作剩余贡献的测量非常困难，以上因素也加大了合作剩余分配研究的难度。

2.7 综 合 评 述

随着网络组织对企业影响的加强，国内外学者对网络组织的研究也进一步深入，从不同的视角对网络组织治理的相关内容进行研究，主要包含网络组织的内涵和特征、网络组织的稳定性、合作剩余的来源及其分配等问题进行了研究，全面的研究还存在以下局限性，主要表现在：

（1）网络组织治理的框架结构还有待于进一步建立。现有网络组织治理研究已经有丰硕的成果，但由于网络组织的复杂性和演化特征，使得网络组织治理已经成为当前的研究热点和难点。稳定性是网络组织存在与发展的前提，因此网络组织治理的目标应该在于保障稳定性，以此提高合作剩余的创造并规避机会主义行为。目前的研究主要集中在一些相关的治理机制，缺乏对网络组织治理的理性条件论证，也就是治理应该是个体理性和集体理性之间协调，尚缺乏系统和深入的探讨，未把握住网络组织治理的本质特征。因此，本章围绕治理的目标、治理的理性条件选择、合作剩余与网络组织治理的关系等一系列问题展开研究。

（2）对合作剩余生成机理的研究，主要体现在形成原因分析、内涵特征以及对企业绩效的影响等方面，对该方面的研究以静态、定性研究居多，而对合作剩余的动态生成机理研究较少。在理论应用上，大多数学者基于某一特定理论进行研究，这些理论仅局限于特定研究范围内对合作剩余进行描述，缺乏影响因素之间的关系及其动态的论述。特别地，网络组织合作剩余是如何产生的还有待于进一步深化研究，一方面缺乏网络组织形成的经济社会环境的系统化逻辑分析、合理性分析，以及在此逻辑下合作剩余的生成机理；另一方面合作剩余的构成也需要进一步解析，特别是竞合视角下的合作剩余来源还不清晰，实现路径还有待于进一步探索，以上问题的探索为网络组织的治理提供基础。

（3）合作剩余如何分配还有待于进一步研究。上述研究虽然有些学者涉及合作剩余分配的基本问题，但对于设计合作剩余分配要实现的目标和对应的制度、经济和组织约束等方面都缺乏深入的分析。按照贡献进行合作剩余的分配是决策者的共识，但是贡献如何测度、影响贡献的因素都有什么、因素之间的关系如何，最重要的是如何进行有效的测量还缺乏系统化的方法。现有研究从界定的研究范围提出对应的分配方法，但对于网络组织而言它首先是作为一个组织实体而存在，因此合作剩余的产生影响因素取决于合作的全过程，并且关注网络组织的网络特征、成员之间的关系和产生的合作剩余对分配的影响，从而系统化的合作剩余分配策略才应该是首选，所以很少有文献从组织理论的视角、合作的全过程角度对合作剩余的分配进行研究。以上文献论证了合作剩余分配在网络组织稳定性问题中的重要作用，因此问题的研究将为网络组织的稳定性研究提供重要支撑。

2.8 本 章 小 结

本章从网络组织的内涵，网络组织的稳定性、合作剩余的概念和相关分类、合作剩余的分配等方面，界定了本书研究的相关概念和范围，介绍了与影响合作剩余生成和分配相关的基础理论，在此基础上归纳影响合作剩余分配的相关影响因素及其因素之间的关系，跟踪最新研究成果和有待于进一步研究的问题，以上理论、知识和研究进展为本书的后续研究提供了依据。

第3章 网络组织稳定性与合作剩余的关系

网络组织的形成一定具有协同效应，只是协同的紧密度和协同发生的概率有所差异，同时节点之间的协同效应并不是简单的线性关系，因此为保障网络组织合作行为的有序进行，要提高网络组织的稳定性并保障网络组织的成长，发挥竞争优势，所以必须对网络组织成员进行协调，促进有效合作。首先，从个体理性和集体理性相冲突的视角，探究网络组织不稳定性的原因并利用演化博弈方法进行论证分析，在此基础上提出网络组织稳定性的治理措施。其次，基于网络组织不同阶段的运行特点，提出稳定性的治理重点。再次，对其他几类引起网络组织不稳定的情形进行分析，提出平衡策略。最后，考虑"个体理性和集体理性冲突"与"合作剩余生成和预期合作剩余分配"的关系，建立合作剩余与稳定性问题研究的逻辑基础，基于理性约束条件建立合作剩余分配的理论模型，为合作剩余分配策略的制定奠定基础。

3.1 网络组织稳定性的特征及其影响因素

对网络组织稳定性的主要特征进行分析，更加确认合作剩余分配在保持网络组织稳定性中的重要作用，并从战略环境与参与者行为、结构和关系、资源投入三个角度挖掘影响网络组织稳定性的因素。

3.1.1 稳定性的主要特征

网络组织界定为不同的企业之间，形成的长期、有一定合作目标的组织结构，并能使得这些相对独立的企业组织可以获得或维持竞争优势，因此稳定性具有如下特征：

（1）共同的目标。从组织理论来看，网络组织是企业为实现共同目标而组成的合作组织，网络组织之所以形成，一个重要原因那就是它可以实现单个企业所不能。因此合作目的"实现共同目标"，也可以称为网络组织的有效性，这是网络组织稳定性的一个重要标志。巴纳德认为组织缺乏有效性是组织解体的根本原因，实现目标、适应环境、提出新目标（即从一种稳定性到其他稳定性的演化），这是网络组织生存和发展的根本（阮平南等，2014）。如果网络组织成员之间或者个体与集体之间的目标存在差异乃至冲突，影响网络组织的稳定性，从而可能导致网络组织的解体（Miles & Snow，1992）。

（2）一定程度的相互匹配度。这里的匹配性是指技术、服务、资源禀赋等（程政，2012）。在网络组织中，如果成员之间的匹配性程度较高，那么网络组织成员之间磨合的周期大为缩短，技术创新或者服务的能力就会增强；如果匹配性程度较低，那么网络组织成员之间需要通过进一步研发技术、改进服务等方式增强成员之间的匹配性，因此匹配性程度较高具有较强的稳定性，反之较弱。

（3）内部文化的相容性。网络组织正是跨区域和跨组织之间的合作，因而组织之间的文化融合非常重要和必要，文化融合能够促进网络组织和谐、稳定地发展，其文化之间的差异和冲突势必对网络组织的稳定性造成影响，因而文化的相容性是网络组织稳定性的特征（阮平南等，2014）。

（4）形成网络结构和关系特征。企业之间的合作是长期的，这种长期的关系就会形成一定的网络结构和关系特征（张瑜等，2016），比如信誉、声誉和沟通机制等，区别于单次的或者有限的重复合作博弈，更加强调无限次的博弈关系，当然这种博弈关系属于竞合博弈。

（5）具有核心组织成员。经过一定时间的运行，网络组织组建提出者或者处于支配地位的企业或组织就将成为核心节点（核心成员、焦点成员等），能够协调成员之间的关系，不断推动网络组织新目标的实现。

（6）协同能力是保障网络组织稳定性的重要方面。实现共同目标，提升整体和各自的生存能力以及对环境的适应性和应变能力是合作的本质特征，但是如何更有效地实现目标和提升合作效率，何种合作形式能够更有效地实现协同与环境有密切关联，协同是实现网络组织稳定性的关键也是保障合作剩余最大化的基础。

另外，良好的协调机制能够促进成员之间良好、有效的沟通交流、促进冲突的化解，从而成员之间能够建立信任关系，促进信息共享、协同能力增强等，因而也是稳定性的重要体现（Yan & Zeng；Jiang et al.，2008；曹霞和于娟，2014）。

网络组织的稳定实质上是"变"与"不变"之间的动态平衡关系，"不变"是指网络组织成员的共同目标，属于网络组织的本质特征；而"变"是指网络组织成员合作的方式和方法等，属于合作的表现形式，因此网络组织稳定性本身具有相对性、动态性等（阮平南等，2014）。

由以上分析，稳定性是网络组织存在的基本条件，当然也是合作剩余生成的基本保障，而网络组织的存在取决于它实现目标的能力，而这种能力是由网络组织行动的适应性和环境条件所共同决定的，因此定义网络组织的稳定性为：网络组织成员在追求共同目标前提下，通过正式契约和制度规则、非正式的关系治理，能够不断适应内外部环境的变化，能够始终保持运行并发展的一种能力。

3.1.2　稳定性的影响因素

交易成本理论认为网络组织形成的动机在于减少了交易成本，而一旦网络组织出现机会主义，则增加了交易费用，从而增加了交易成本，而机会主义是很难用经济因素来控制的，因此极大地降低了网络组织的稳定性，但可以尽量避免或者抑制，比如通过声誉、沟通、信誉等。资源依赖理论认为企业加入网络组织的首要因素在于互补资源和能力的获取，而一旦获取了资源，网络组织成员就有可能退出网络组织，但实质上某些互补资源具有不可复制性或者难以转移，比如核心技术或关键设备、经验知识等，因此短期不能退出网络组织。战略管理理论认为加入网络组织是企业为了实现目标而利用的工具，而企业目标之间的不一致性、文化之间的差异导致了冲突，客观上造成了网络组织的不稳定性。实质上从企业的广义目标在看，加入网络组织都是为了获取竞争优势，因而广义目标具有高度一致性，从而冲突是从狭义的角度讨论的。社会网络理论认为网络组织成员之间的关系等非经济因素在网络组织稳定性中的作用非常重要，实质上也是稳定性的重要体现，当然单纯的社会网络理论还缺乏关于声誉或者信任等稳定性因素的重要作用的讨论。以上理论从不同的视角解释了网络组织不稳定性的因素，深化了对于网络组织稳定性的理解，交易成本理论和战略管理理论认为战略环境和参与者行为的不确定性影响网络组织的稳定性，资源依赖理论认为伙伴选择和资源投入的多样性影响网络组织的稳定性，社会网络理论认为结构和关系的复杂性影响网络组织的稳定性，因此网络组织通过发掘不稳定性的来源，优化战略和引导行为，建立伙伴的优选机制和保障资源的投入，加强关系治理等方面，促进网络组织的稳定与可持续性发展，如图 3 - 1 所示。

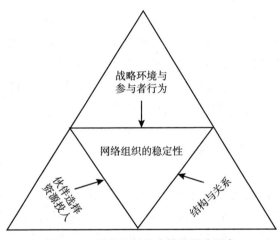

图 3 - 1　网络组织稳定性的影响因素

　　（1）网络组织所处的内外部环境及其参与者的心理行为对稳定性具有重要影响。环境属于网络组织最基本的战略要素，既构成了网络组织形成的制约条件，又可成为网络组织可利用的资源（Williamson，1984；Dyer，1997；詹坤等，2019）。网络组织在外部环境中要获得生存就必须去获取或者利用各类资源。网络组织成员之间的文化背景影响价值观的形成，从而也是冲突和依赖形成的重要方面，影响了网络组织的稳定性，是否适应技术环境的变化，积极地采取相应的对策决定了网络组织的生存与发展。网络组织不仅要面对环境的不确定性，还要处理网络组织成员带来的彼此不确定性，由于上述不确定性，网络组织成员会依据交易成本理论采取短期行为和决策，获取临时性的竞争优势，从而这种短期的目标定位与长期的网络组织合作目标的不平衡和冲突加剧了不稳定性。

（2）网络组织运行对稳定性具有重要影响。运行阶段包含构建（目标构建和网络组织成员选择、资源投入）和运作阶段（结构和关系）。网络组织成员之间的目标是否冲突、资源和能力是否匹配深刻影响网络组织的稳定性。网络组织成员之间共同目标的追求是形成网络组织的前提条件，也是保持稳定性的基础，因此网络组织成员目标的不明确乃至冲突会影响稳定性。网络组织实质上是各类关系结成的合作网络，因此关系的建立和维持是保持稳定性的关键，其中信任关系是各类关系的基础，各类契约制度和关系协调用来保持网络组织稳定性。

（3）网络组织治理特别是合作剩余的分配是影响稳定性的核心部分。生成合作剩余是保障网络组织存在的根本，但网络组织成员更加关心是否获取到预期的利益，因此对合作剩余分配的合理性评估对于稳定性也具有重要的意义。由于网络组织的有效性和分配的合理性评估的环境具有不确定性，因此当网络组织成员的预期收益低于评估的最低收益时，此时网络组织成员未获取到满意的合作剩余，网络组织成员通过谈判博弈、契约制度来保障网络组织稳定性。如果未达成相关的协议，也没有相关的契约制度来进一步解决矛盾和冲突的程序，此时会导致网络组织关系的恶化乃至解体。

3.2　网络组织稳定性治理的动因及其模式

环境和行为的不确定性、结构和关系的复杂性、资源投入和伙伴选择的多样性影响网络组织的稳定性，因而网络组织需要进行治理，那么网络组织是不是本源上就必须进行治理也就是治理的动因是什么？本节从合作剩余的视角、网络组织特征的视角进行分析并归纳总结网络组织治理的动因并提出治理的模式。

3.2.1　治理的动因分析

1. 合作剩余视角下的治理动因分析

网络组织因为交易费用的减少和合作产出的增加从而能够创造出比单干时更多的利益。但交易费用最终减少还是增加受到契约、信任、沟通交流等因素的影响，由于契约对未来行为的约束是不完全的、信任也不可能完全信任、沟通交流也需要一些成本，从而可能导致机会主义或搭便车的存在，此时交易费用并不总会降低，也有可能引起升高；合作产出的增加是因为网络组织用组织的柔性解决了技术刚性的不足，提高了生产效率，并能快速地响应市场，实现大规模的定制并满足消费者的需求，体现了规模和效率，但同样由于受到合作剩余分配、信任、知识转移、网络能力等影响，是否实现了预期的产出还存在不确定性，因此网络组织需要进行治理。

2. 网络组织特征下的治理动因分析

网络组织成员具有相对独立性，呈现虚拟化状态，关系具有非正式化和动态特征，这种独特的组织结构为提高快速响应市场能力和资源整合能力提供了独一无二的条件，当然也为网络组织的不稳定性奠定了伏笔（程政，2012）。

网络组织的治理是网络组织的本质特征与决策者的理性条件双重因素共同作用的结果。对于网络组织而言，它是一系列网络组织成员连成一个整体的功能网络模式，从个体来看，网络组织是一个相对松散型的、开放式的组织形式，成员之间是相对独立的、分散决策的。首先，网络组织成员都是独立的企业主体，具有独立的决策权和控制权，都是在个体理性的基础上追求自身利益的最大化，由此产生了网络组织行为目标上的冲突；其次，具有相对独立的网络组织成员产生了信息不对称的现象，或者受到网络组织成员能力的影响获取的信息也不一致，网络组织成员为了保障自身的竞争力，也故意隐藏相关信息和能力，这些信息或者能力是无法验证的，或者验证的成本很高，因此不能通过契约对网络组织成员进行控制或者监督，使得网络组织成员处于被机会主义损害的风险下。稳定性是网络组织存在和运行的重要保障，利益协调是网络组织稳定性问题的关键因素。在网络组织利益分配过程中，在维持稳定性的基础上考虑网络组织成员的利益诉求，就成为保障网络组织稳定性的重要手段。

决策者的有限理性也是导致契约不完全，从而引发机会主义行为的重要因素。有限理性使得对于未来的逾期不能完全感知，从而不可能把所有的约束条件都写到契约中，因此就会产生机会主义倾向。另外由于预测到预期收益的不足，网络组织成员将会减少关系资产投资和知识投资等，因此更加恶化了预期收益。因此，为了最大化不完全契约条件下的交易效率问题，保障网络组织的稳定性，以免引起事后的解体问题，比如通过协商制定讨价还价的具体规则，并由这些规则来处理契约中未预期的情况。对于网络组织而言，制度或者规则的制定过程就是网络组织治理的问题，包含制度契约和关系契约，其中关系契约对于网络组织治理而言具有特殊的存在，因而它是保障信任、信誉、沟通等机制的重要载体。实质上就算是网络组织成员具有完全理性或者满足集体理性，也因为制度层面、公平层面或者组织层面的要求，而使得网络组织成员受到机会主义的影响。比如不同的分配方式具有不同的分配公平性的内涵等。

综上所述，由于网络组织成员的松散性特征和决策者的有限理性，网络组织成员之间就会出现目标冲突和机会主义行为，并由于网络组织的开放性从而导致网络组织的不稳定性，因此需要对网络组织的稳定性进行研究，如图 3 - 2 所示。

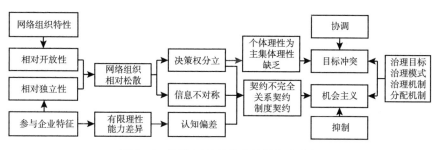

图 3 - 2　网络组织不稳定性的行为分析

3.2.2　治理的模式分析

网络组织治理的实质在于为了共同的合作目标或者愿景，通过一系列明确或者隐喻的制度契约（协议）和关系契约（承诺）、制度安排，保障以相互信任和长期合作为基础而构成的正式关系和非正式关系并不断发展演化的复杂动态网络治理结构。

网络组织治理机制在治理中发挥着重要的作用，它阻止了合作伙伴的机会主义行为（孙国强等，2016）。治理结构是治理机制的重要组成部分，治理结构分为第三方的执行协议和自我执行协议。第一种类型要求第三方在出现争议时介入，这意味着广泛和详尽的法律协议尽可能详细地阐明权利和义务的细节；第二种类型的自我执行协议基于信任和嵌入。网络组织不是通过法律合同中的第三方来约束合作伙伴的行为，而是通过正式和非正式的自我强制保障来约束合作伙伴的行为。自我执行保障源自伙伴的信任关系、伙伴的商誉和声誉（Williamson，1984），这种非正式保障是网络组织中最有效的治理机制，因为与其他类型的机制（包括契约成本、监控成本、契约执行成本和契约重新谈判成本）相比，非正式保障的交易成本最低，它确保了最大的合作剩余创造。通用汽车与供应商的交易成本是丰田的5倍，丰田对其紧密的战略供应商有着信任的文化，提供了大量的销售预测、新产品信息、现场支持和培训等信息，使供应商成为其紧密的合作伙伴，密切的关系使争端和冲突更容易得到解决（Dyer，1997）。然而，通用汽车有一个更加严格的正式合同协议体系，这使得一些意外事件或灰色地带的问题更难以在合同协议的范围内更好解决。但同样地建立在信任基础上的保障措施，也容易受到可能毁约的更高风险的影响。具体分析如表3-1所示。

表3-1 　　　　　　　　　　网络组织治理的要素体系

视角	主要内容
主要研究目标	协调各类冲突（包含关系）和抑制机会主义
研究的逻辑起点	网络组织的治理环境要求
研究立场	网络组织预期收益与实际收益的满足情况（包含网络组织系统内各种冲突的目标和利益相关者目标的满足）
研究主体	所有网络组织内外的利益相关者
基本问题	治理行为的选择
网络组织职能	协调关系和分配合作剩余

视角	主要内容
网络组织本质	正式和非正式关系的集成体
研究的边界	网络组织成员及其他利益相关者、文化和制度环境等组成的扩展型网络系统，受到内外部边界的双重影响

　　网络组织合作过程冲突的解决原则是重要的治理内容，主要有三种解决方式，如表3－2所示。究竟选取哪一种规则与要解决的实际问题有关，当然也受到其他因素的影响，比如合作的内外部环境、政治因素、合作成员的文化背景等。

表3－2　　　　　　　　　　　冲突解决的契约规则

原则分类	内涵	实例
替代原则	一种契约规则取代其他的规则，让一部分合作的企业改变行为规范适应另一部分合作的企业	比如欧洲大陆交通规则的演变、不同国家不同尺寸的铁路线路的接轨
全新原则	多方一致同意建立全新的契约规则	比如非英语作为目标的国家都是用英语进行交流
协调原则	多方协商一致，共同遵守现有契约规则	遵守既定规则，比如入乡随俗、客随主便或经过协商后的规则制度

　　网络组织治理的模式对应于网络组织治理的目标及其不同的网络组织类型。比如模块化网络组织、全球范围的合作关系网络和全球供应链等偏向于市场的运行模式，称为准市场治理；战略联盟、企业集团因具有科层组织特征的治理模式，称为准科层治理；具有地域性质的企业集团、虚拟企业、产业集群因具有市场和科层的双重特征，称为混合治理模式；另外还有政府治理（或公共治理）、行业协会治理、内外部治理等，如表3－3所示。

表 3 - 3　　　　　　　　　　网络组织治理模式的分类

治理模式	典型的合作组织
准市场治理	模块化网络组织、全球化的产业网络组织、全球化供应链
准科层治理	战略性研发联盟、企业集团网络
混合治理	带有地域特征的企业集群、产业集群是其主要表现形式
其他治理模式	行业协会、政府治理、内外部治理等

　　本书研究的网络组织稳定性治理问题侧重于混合治理模式，准科层治理和准市场治理可以参照科层和市场治理的方式进行。当然采用什么治理模式并不是绝对的而是多种治理模式的灵活选用。

3.3　理性冲突引发网络组织
不稳定的演化博弈分析

　　资源投入和伙伴选择、环境和参与人员行为、关系和网络结构影响网络组织的稳定性，属于从"表象"的角度进行的研究，但引起以上因素发生作用的深层次机理是什么？也就是影响稳定性"人"的因素是什么？本书研究表明正是由于个体理性与集体理性的冲突，通过环境、运行和治理机制特别是分配等相关影响因素的传导来影响网络组织的稳定性。

　　个体理性和集体理性是近代哲学家、伦理学家、经济学家的探索话题，因而研究的背景相差很大，有政治学的、哲学的、伦理学的还有经济学背景的。本节注重于组织间合作竞争主题下，研究个体理性与集体理性的冲突从而影响网络组织稳定性的机理，为个体理性和集体理性冲突的协调提供策略。

3.3.1　个体理性和集体理性的内涵及其冲突分析

　　在网络组织中，个体理性主要体现为获取生存和发展空间（Cherchye et al. , 2018），体现为效用、安全和自由。在经济学上主要体现为效用，表述为在既定其他人选择的前提下，个体总是能做出让自己效用最大化的行为（Hedström & Stern，2017），即不会犯错误。对应的个体非理性则是个体总是以一定的概率做出非效用最大化的行为，即会犯错误。

在网络组织中，集体理性主要表现为保障网络组织的稳定性，追求的目标包含共同的愿景、组织效率、合作剩余创造的最大化等。通过网络组织的生产和配置努力提高成员的生存环境并满足利益诉求，也考虑用最小的代价获取最大的产出，属于集体理性的基本行为和效率体现，协调好成员之间的利益关系是保障网络组织稳定的核心条件，也是公平性的体现，因而追求合作剩余的最大化和保障成员间的公平是集体理性的重要体现。在经济学上，集体最优即是最有效率的社会状态，此时不存在帕累托改进的可能性（Cato，2018），即不能通过降低其他人的效用方式而使自己的效用提高，主要体现在效率、公平和稳定，因而集体最优就是集体理性追求的目标。

综上来看，结合文献（詹宏伟，2014；王玉玲和程瑜，2014）中理性的概念，给出网络组织的集体理性与个体理性概念。理性就是行为主体对利益最大化的追求，如果行为的主体是个体时，成员是利益最大化的受益者，除非为了实现自身最大化利益的需要，否则不会考虑其他成员及其网络组织的利益，这种理性就是传统的自利理性也即个体理性，包含机会主义、搭便车等；如果行为的主体是网络组织时，网络组织是利益最大化的受益者，这种理性就是集体理性。集体理性是指由成员组成的网络组织以整体利益或共同利益最大化为目标，成员利益最大化与网络组织利益最大化发生冲突时，集体理性的取向在于要求成员利益服从网络组织利益，以保障网络组织的稳定性。

网络组织成员的个体理性与集体理性存在冲突，最显著的例子就是"囚徒困境"模型，这是因为古典经济学把人预设为理性"经济人"，因为个体理性强调个人直接利益最大化，集体理性则追求高效率、内部稳定和社会公平，二者有交集，但也存在相当大的差异。如果网络组织成员能充分参与、交流并达成合作，则满足个体理性诉求的同时，也往往能实现集体理性的要求，否则二者就很可能产生冲突：基于个体理性的最佳选择并非团体的最佳选择。结果就是当个体都拼命追求个体理性之时，却会导致集体非理性，最终全体利益受损。还有典型的例子就是着火时电影院里人人都想第一时间逃出去，结果大门被堵住，造成更多人员伤亡，也说明了同样的问题。个体理性与集体理性之间的差异、冲突或者不能同时满足在现实中主要有两种情况存在：

（1）个体理性必须以集体理性为基础，但集体理性的实现可能损坏个体理性。网络组织要实现的目标与成员之间要实现的目标、利益诉求等存在一定程度的差异，而网络组织目标主要体现在集体利益的实现上，表现为集体理性，集体利益的实现是保障个体利益实现的基本条件，为促进集体利益的实现可能有损于个体利益，但在不同的发展阶段这是必然的也是必要的，比如网络组织合作初期，为保障网络组织的组建可能会损坏个体的利益。

（2）集体理性必须以个体理性为前提，但个体的理性行为未必能保障集体理性的实现。成员目标主要体现在个体利益获取上，表现为个体理性，虽然个体利益的满足促进集体利益的实现，但个体理性的实现却有悖于集体理性的满足，比如个体为获取利益而进行的竞争行为。

以上分析说明：个体理性与集体理性未必能同时满足或者存在差异，也是网络组织成员有限理性的体现，最终的个体理性与集体理性是否满足取决于合作竞争博弈的结果（Olson，2009；Mann，2018；Morone et al.，2019）。

3.3.2 理性冲突引发的企业行为分析

网络组织因获取互补资源和能力而组建，其中所有企业资源的投入是保障网络组织组建的基础（Lavie，2006），关系资产投资是网络组织运行的关键，合作剩余分配是促进网络组织持续运行的保障。由于企业目标与网络组织目标的不一致，就会导致合作企业出现以下行为：

（1）资源投入与不投入。契约和非契约规定了资源的投入数量，但资源包含有形资源（比如人力、设备等）和无形资源（知识、能力等），特别是无形资源很难进行测度，另外契约也存在不完备性，资源的实际投入与预期投入就存在一定程度的差异，甚至存在资源不投入的极端情况出现，导致网络组织组建不成功。

（2）关系资产投资与不投资。网络组织运行过程中关系资产投资非常重要，它是网络组织成员之间信任、沟通交流、信息传递、知识共享的重要载体（Dyer et al.，2018），也是链接网络组织组建和产出的关键环节。由于个体理性与集体理性的不一致，导致机会主义或者搭便车情况的存在，网络组织成员之间不信任、信息无法有效传递、知识不能有效共享，最终导致网络组织的效率低下，未能产出所预期的合作剩余，网络组织成员也未能获取到预期的合作剩余，从而导致合作的失败。

（3）合作剩余分配与不分配。合作剩余分配是网络组织合作过程的重要环节，是保障网络组织稳定性并促进成长的重要环节或者措施（Yan & Zeng；Jiang et al.，2008；曹霞和于娟，2014）。网络组织的目标在于创造最大的合作剩余，从而能使得生存空间变大，但此时网络组织不一定能保障成员获取比单干时更多的合作剩余，而只是为网络组织成员获取更多的合作剩余提供了可能。如果实际获取的合作剩余小于单干时的收益，那么就引起网络组织的不稳定乃至成员之间的冲突，因此为保障稳定性需要进行合作剩余的合理分配。

以上行为影响网络组织的稳定性，因此完全理性的企业认可集体理性的要求，以此保障网络组织的稳定性。由 3.3.1 节分析可知，通常情况下，集体理性和个体理性是不冲突的，企业的发展有利于合作剩余的增多，从而有利于网络组织的稳定性，但在个体理性与集体理性冲突的情况下，必须首先满足集体理性保障网络组织的稳定性，也就是集体理性优先于个体理性。集体理性保障网络组织的稳定性，表现为合作剩余的创造，主要表现为"合作"策略，个体理性就是企业生存发展壮大的需求，获得比单干时更多的利益，在合作剩余获取上表现为个体理性，主要表现为"不合作"策略。对于单个企业而言，个体理性往往超过集体理性，也就是主要变现为"不合作"策略或者冲突的行为。由于企业各自独立存在，在缺乏合作机制约束下，企业的个体理性往往不一定服从于集体理性，或者满足集体性条件下也不一定能兼顾到个体理性，通过集体理性实现网络组织目标，此时企业之间要求合作大于竞争或者合作大于不合作。因此下面将以"合作"和"不合作"为企业之间的策略选择进行演化博弈分析，找出策略选择的影响因素，从而进一步验证个体理性与集体理性冲突的原因，为制定网络组织稳定性的策略提供借鉴。

网络组织成员采用合作或者不合作策略是一个复杂的动态博弈过程，理性的形成往往依赖于相应文化和制度的激励和引导。演化博弈以有限理性为基础，考察经济现象从而为复杂的动态行为提供合适的分析工具（Zhang et al.，2018；Hadzibeganovic et al.，2018）。网络组织成员是独立的企业，企业成员多样化，企业成员之间存在竞合关系，同时成员追求理性之间的差异会导致合作动机、意愿、收益和成本均会出现不同（Lee et al.，2018），因此利用演化博弈方法探究网络组织成员不合作和合作的演化规律，这将有助于从微观视角了解网络组织成员理性选择的决策过程（Friedman，1991）。并从加强合作关系、构建合理分配、提高集体理性意识等方面提出协调冲突的策略。演化博弈理论最早源于费希尔（Fisher）、汉密尔顿（Hamilton）等遗传生物学家对动植物之间的冲突和合作行为的博弈分析，后来史密斯和布莱斯（Smith & Price，1973）首次提出演化稳定策略（evolutionary stable strategy，ESS）概念以后，泰勒和琼克等学者首次提出演化博弈理论的基本动态概念——模仿者动态（replicator dynamic）（Taylor & Jonker，1978），两者一起构成了演化博弈分析的核心概念，分别表征演化博弈分析中的稳定状态和向稳定状态收敛的过程。

网络组织成员的理性行为是围绕合作目标而进行的双向互动策略。在信息不对称情形下，由于不合作和合作的冲突导致网络组织成员之间的选择策略是无法确定的，因此做出如下假设：

（1）组织类型及其重复博弈。网络组织可以由不同的组织类型构成，比如企业、政府和科研机构等，本书只考虑单纯由企业构成的网络组织，分别设为企业 A 和企业 B，实质上可以设定为不同的组织类型，其分析方法是一致的，只是不同类型组织的不合作和合作行为有所差异。在博弈的不同阶段，成员都无法确定自己的最佳行动策略，此时成员都需要不断进行重复博弈，从而找到系统的最佳行动策略。

（2）行为策略及其概率。在理性冲突行为分析过程中，企业只选择合作或不合作，企业 A 和企业 B 分别采用"合作"策略的概率为 $x(0 \leqslant x < 1)$ 和 $y(0 \leqslant y < 1)$，对应地采用"不合作"策略的概率为 $1-x$ 和 $1-y$。

（3）投入互补资源和关系资产而获取的直接收益。

资源投入和关系资产投资在协同效应中起到重要的作用（Dyer et al.，2018）。关于关系资产投资实质上包含因信任、沟通、文化等关系维护而进行的投入，设投入的关系资产总量为 G，企业 A 和企业 B 投入的关系资产比例分别为 β 和 $1-\beta(0\leqslant\beta<1)$。获取互补资源是企业合作的重要目的，因而企业加入网络组织都会进行资源的投入，设定投入的资源总量为 Z，企业 A 和企业 B 投入的资源比例分别为 α 和 $1-\alpha(0\leqslant\alpha<1)$。

企业获得的直接收益主要受两个方面的影响：一是一方企业资源和关系资产投入数量的多少将直接影响到对方因为获取对方的资源和关系资产而得到收益的大小；二是还受到吸收能力的影响，即获取了对方互补资源而消化吸收从而进行创新的能力，用 ε_A 和 ε_B 分别表示企业 A 和企业 B 的吸收转化能力，由以上分析可知，企业 A 和企业 B 获取的直接收益可表示为 $\varepsilon_A[(1-\alpha)Z+(1-\beta)G]$ 和 $\varepsilon_B(\alpha Z+\beta G)$。

（4）合作剩余的生成与分配。企业双方资源的互补性程度越大和相关性越强生成更多的合作剩余，表示为 h。网络组织成员的权利是决定合作剩余分配的决定方面（孙国强等，2018），企业 A 和企业 B 的分配系数分别为 p_A 和 p_B，具有较大分配系数的网络组织成员能够分配到更多的合作剩余，因此企业 A 和企业 B 对应的合作剩余为 $hp_A(\alpha Z+\beta G)$ 和 $hp_B[(1-\alpha)Z+(1-\beta)G]$。

（5）在网络组织中，企业完全不合作时只能得到单干时的收益，分别用 J_A 和 J_B 表示，这也是企业合作的底线，否则网络组织将解体或者进入其他合作项目，从而导致网络组织的不稳定。

（6）企业 A 和企业 B 在网络组织运行中的交易成本系数分别为 c_A 和 c_B，虽然企业已经对关系资产进行了投资，但还是由于企业之间的不信任、沟通的不顺畅等原因产生一定的交易成本，则企业 A 和企业 B 的总成本取决于资源和关系资产的投入，当然还有一部分是监督成本、机会成本等，但主要是因为投入而产生的成本，因而可以分别表示为 $c_A(\alpha Z+\beta G)$ 和为 $c_B[(1-\alpha)Z+(1-\beta)G]$。为促进资源及其关系资产的投入使得网络组织能够生成更多的合作剩余，满足 $c_A(\alpha Z+\beta G)>\varepsilon_A[(1-\alpha)Z+(1-\beta)G]$ 和 $c_B[(1-\alpha)Z+(1-\beta)G]>\varepsilon_B(\alpha Z+\beta G)$。

网络组织成员在合作过程中都面临选择合作和不合作策略。当企业 A 和企业 B 都选择合作时，合作双方不仅能得到直接利益也能得到因合作而产生的合作剩余；若企业单方采取合作，则对方企业将获取直接利益；当企业 A 和企业 B 都选择不合作，则合作双方只能获取单干时的收益。企业 A 和企业 B 根据网络组织其他成员的策略来进行自己策略的选择与调整，具体支付矩阵如图 3 - 3 所示。

企业 B

	企业行为	合作（y）	不合作（1 - y）
企业 A	合作（x）	T_{11}，T_{12}	T_{21}，T_{22}
	不合作（1 - x）	T_{31}，T_{32}	T_{41}，T_{42}

图 3 - 3 不合作与合作的支付矩阵

其中，

$$T_{11} = hp_A(\alpha Z + \beta G) + J_A + \varepsilon_A[(1 - \alpha)Z + (1 - \beta)G] - c_A(\alpha Z + \beta G)$$

$$T_{12} = hp_B[(1 - \alpha)Z + (1 - \beta)G] + J_B + \varepsilon_B(\alpha Z + \beta G)$$
$$- c_B[(1 - \alpha)Z + (1 - \beta)G]$$

$$T_{21} = J_A + \varepsilon_A[(1 - \alpha)Z + (1 - \beta)G] - c_A(\alpha Z + \beta G)$$

$$T_{22} = J_B - c_B[(1 - \alpha)Z + (1 - \beta)G]$$

$$T_{31} = J_A - c_A(\alpha Z + \beta G)$$

$$T_{32} = J_B + \varepsilon_B(\alpha Z + \beta G) - c_B[(1 - \alpha)Z + (1 - \beta)G]$$

$$T_{41} = J_A，T_{42} = J_B$$

为便于书写，上面的符号简化为：

$$\varepsilon_A[(1 - \alpha)Z + (1 - \beta)G] = E_A，\quad \varepsilon_B(\alpha Z + \beta G) = E_B$$

$$c_A(\alpha Z + \beta G) = C_A，\quad c_B[(1 - \alpha)Z + (1 - \beta)G] = C_B$$

$$hp_B[(1 - \alpha)Z + (1 - \beta)G] = hP_B，\quad hp_A(\alpha Z + \beta G) = hP_A$$

由支付矩阵中的元素可以分别求解企业 A 和企业 B 的期望收益，具体计算如下：

企业 A 选择"合作"与"不合作"的期望收益分别为 E_{AY} 和 E_{AY}，则 $E_{AY} = yT_{11} + (1 - y)T_{21}$，$E_{AN} = yT_{31} + (1 - y)T_{41}$。

企业 B 选择"合作"与"不合作"的期望收益分别为 E_{BY} 和 E_{BN}，则 $E_{BY} = xT_{12} + (1 - x)T_{32}$，$E_{BN} = xT_{22} + (1 - x)T_{42}$。

企业 A 和企业 B 的平均期望收益分别为 E_A 和 E_B，则 $E_A = xE_{AY} + (1 - x)E_{AN}$，$E_B = yE_{BY} + (1 - y)E_{BN}$。

由以上分析得出，企业 A 和企业 B 的复制动态方程为：

$$F(x, y) = x(E_{AY} - E_A) = x(1 - x)[y(hP_A + C_A) + E_A - C_A]$$

$$(3 - 1)$$

$$G(x, y) = y(E_{BY} - E_B) = y(1-y)\left[x(hP_B + C_B) + E_B - C_B\right]$$

$$(3-2)$$

企业 A 和企业 B 不合作和合作策略的演化可以用微分方程（3-1）和方程（3-2）所组成的系统来刻画，由 $F(x, y) = G(x, y) = 0$，可得系统的 5 个局部平衡点，分别为：$A(0, 0)$，$B(0, 1)$，$C(1, 0)$，$D(1, 1)$ 和 $O(T_1, T_2)$，其中 $T_1 = \dfrac{C_A - E_A}{hP_A + C_A}$，$T_2 = \dfrac{C_B - E_B}{hP_B + C_B}$。

由微分系统描述的网络组织成员不合作与合作行为动态，平衡点的稳定性可以由雅可比矩阵（Jacobian Matrix）的局部稳定分析得到（Friedman，1991）。对微分方程（3-1）和方程（3-2）中的 x 和 y 求偏导数得到：

$$J = \begin{bmatrix} \dfrac{\partial F(x, y)}{\partial x} & \dfrac{\partial F(x, y)}{\partial y} \\ \dfrac{\partial G(x, y)}{\partial x} & \dfrac{\partial G(x, y)}{\partial y} \end{bmatrix} \qquad (3-3)$$

其中，

$$\frac{\partial F(x, y)}{\partial x} = (1-2x)\left[y(hP_A + C_A) + E_A - C_A\right]$$

$$\frac{\partial F(x, y)}{\partial y} = x(1-x)(hP_A + C_A)$$

$$\frac{\partial G(x, y)}{\partial x} = y(1-y)(hP_B + C_B)$$

$$\frac{\partial G(x, y)}{\partial y} = (1-2y)\left[x(hP_B + C_B) + E_B - C_B\right]$$

利用雅可比矩阵的行列式 det(J) 和迹 tr(J) 的正负号来判断平衡点是否处于局部渐进稳定状态，也就是演化稳定策略（ESS），在此基础上确定系统的局部稳定分析结果，计算结果如表 3-4 所示。

表 3-4　　　　　　　　　　局部稳定分析结果

均衡点	J 列式（符号）	J 的迹（符号）	结果
A(0, 0)	+	−	ESS
B(0, 1)	−	+	不稳定
C(1, 0)	−	+	不稳定

均衡点	J列式（符号）	J的迹（符号）	结果
D(1, 1)	+	-	ESS
O(T_1, T_2)	0	0	鞍点

由表 3-4 可知，网络组织成员不合作与合作行为系统的 5 个局部平衡点仅有两个是稳定的，对应企业 A 和企业 B 都采取不合作和合作策略，分别由点 A(0, 0) 和 D(1, 1) 所示。另外，还存在两个不稳定的平衡点 B(0, 1) 和 C(1, 0) 以及一个鞍点 O(T_1, T_2)。

系统的相轨迹可以描述不合作与合作的动态演化过程，如图 3-4 所示。

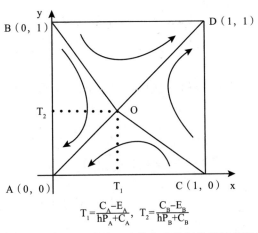

$$T_1 = \frac{C_A - E_A}{hP_A + C_A}, \quad T_2 = \frac{C_B - E_B}{hP_B + C_B}$$

图 3-4　网络组织成员不合作与合作行为的演化相位

由两个不稳定性点 B，C 及鞍点 O 连线的折线可以看作企业不合作和合作收敛于不同演化结果的临界线。演化的稳定点由初始位置 A(0, 0) 所决定，即当初始状态位于 ABOC 区域时，系统最终收敛于 A(0, 0) 点，意味着当企业其中一方选择合作行为的概率较小时，另外一方会选择不合作的行为策略，最终系统无法实现集体理性，此时演化的稳定策略为（不合作，不合作）；当初始状态处于 COBD 区域时，系统将最终收敛于 D(1, 1) 点，也就意味着当企业其中一方选择不合作行为的概率较小时，另外一方会选择合作的行为策略，最终系统实现合作，此时演化的稳定策略为（合作，合作）。

由于横坐标和纵坐标分别表示的是选择不合作或者合作的概率，因此图形所表示的面积 ABOC 和 COBD 就是企业 A 和企业 B 都选择不合作或者合作的概率，即如果 $S_{ABOC} > S_{COBD}$，则企业双方都会选择不合作，反之都会选择合作，由相位图 3 - 4 可以看出，当鞍点向左下方移动时，这样就会增加 S_{COBD} 的数值，从而使得企业之间选择合作的概率增加。为保障网络组织的稳定性，应该尽量增加区域 COBD 的面积，此时就会增加企业选择合作的概率，以保障网络组织的稳定性。其中 $S_{ABOC} = \frac{1}{2}\left(\frac{C_A - E_A}{hP_A + C_A} + \frac{C_B - E_B}{hP_B + C_B}\right)$，则 $S_{COBD} = 1 - S_{ABOC}$。

命题 3.1　合作成本越高，企业选择合作的概率越小。

在其他条件不变的情况下，由 S_{ABOC} 的计算公式容易得出：

$$\frac{\partial ABOC}{\partial C_A} = \frac{hP_A + E_A}{(hP_A + C_A)^2} > 0$$

$$\frac{\partial ABOC}{\partial C_B} = \frac{hP_B + E_{AB}}{(hP_B + C_B)^2} > 0$$

因此 S_{ABOC} 是关于 C_B 和 C_A 的增函数。从而在成本比较高的情况下，比如监督成本、沟通和交流成本、知识转化成本、机会成本，企业选择不合作的可能性大，而选择合作的可能性小。相同分析方法得到如下命题：

命题 3.2　直接收益越高，企业选择合作的概率越大。

当直接收益 E_A 增加时，S_{COBD} 的面积增加，此时企业选择合作的概率就变大。

命题 3.3　资源互补程度越大，企业双方选择合作行为的概率越大。

资源的互补性越强，资源之间的相关性越大，越有利于促进企业之间的合作，从而提高合作剩余的创造，增强企业之间合作的选择意愿。

命题 3.4　合理的分配方式（系数）增加企业选择合作的概率。

如果生成的合作剩余进行完全分配，由于本研究设定为企业 A 和企业 B，一般设定分配系数满足 $p_A + p_B = 1$，并且 $0 < p_A$，$p_B < 1$，实质上 $p_A = 0$ 不能成立，此时不利于网络组织的稳定性，只能是网络合作的最极端情况。

由 $S_{ABOC} = \frac{1}{2}\left(\frac{C_A - E_A}{hP_A + C_A} + \frac{C_B - E_B}{hP_B + C_B}\right)$，对企业的权利系数 p_A 求偏导数

可得：

$$\frac{\partial S_{COBD}}{\partial p_A} = -\frac{1}{2}\left[-\frac{(C_A - E_A)\left[h(\alpha Z + \beta G)\right]}{\left[hp_A(\alpha Z + \beta G) + C_A\right]^2} \right.$$

$$\left. + \frac{(C_B - E_B)\{h\left[(1-\alpha)Z + (1-\beta)G\right]\}^2}{\{h(1-p_A)\left[(1-\alpha)Z + (1-\beta)G\right] + C_B\}^2}\right]$$

$$\frac{\partial^2 S_{COBD}}{\partial p_A^2} < 0$$

由以上分析可知，S_{COBD} 存在极大值，S_{COBD} 在 $\frac{\partial S_{COBD}}{\partial p_A} = 0$ 处取得极大值，此时系统选择合作的概率最大。因此，在其他因素固定不变的前提下，存在最佳的分配系数使得网络组织成员选择合作的概率最大。

除了以上结论影响不合作与合作的冲突，还需要进一步对成员进行激励和约束、协调，对选择"不合作"的成员进行惩罚，对选择"合作"的成员进行激励，以保障网络组织的稳定，这也是下一步模型改进的方向。另外，本节演化博弈双方采取的策略为合作或不合作，虽然包含了资源投入、关系资产投资和合作剩余分配等主要的企业行为策略，但由于企业行为的多样化和引起企业行为动因的分析也并不完备，因此利用演化博弈分析的企业行为策略还需要进一步完善。

3.3.3　个体理性与集体理性相统一的措施

既然企业加入网络组织，那么就会认同网络组织的目标和行为方式、意愿等，接受网络组织的规制、约束。为什么还会出现以上个体理性与集体理性的冲突或者差异？我们从以下六个方面进行分析。

（1）资源稀缺性。正是由于资源稀缺的天然属性，导致不同网络组织成员之间的资源可能具有互补性，适应生存与发展要求的网络组织合作模式才会必然出现（Dyer et al.，2018），当然也导致了网络组织成员间的竞争。反之，如果资源不满足稀缺条件，那么就会存在"人人为我，我为人人"的"孔融让梨"式的模式出现，此时个体的行为准则也就形成了集体的行为准则，并且从个体行为准则走向集体行为准则。从另外角度来讲，正是由于资源的稀缺性，网络组织才更需要治理，"罗马规则和猫吃辣椒"这些治理方式就是采用一定的规则来保障网络组织合作的实现，久而久之也就形成了一种集体理性的行为方式。

（2）结构不对称。网络组织成员个体理性条件受到多种因素的制约，例如成员之间不同的资源结构：有价值的、难模仿的、不可替代的、稀缺的 VRIO 资源（Barney，1994），战略性资源、瓶颈资源、重要资源和一般资源（郭长宇，2007）；网络权利是指在网络组织中，一些行动者对另一些行动者实施的控制力与影响力以及一些行动者制定网络规则与转换网络的权力（孙国强等，2018），显然不同的网络组织成员具有不同的网络权力结构；能力主要为动态能力结构，包含知识的吸收能力（也包含自身知识能力不被复制和学习的能力）、知识转移速率等（Inkpen & Beamish，1997）；甚至网络组织成员的发展和利益结构等也存在不同程度的差异，因而每个参与者的个体理性存在结构性的差异，从而导致了集体理性行为很难得到满足，更是导致了网络组织的稳定性受到严峻的考验。

（3）产权不清晰。合作剩余由网络组织创造，因而合作剩余的分配理应由全员共享，但由于是资源的协同效应而生成了合作剩余，导致了网络组织成员在合作剩余生成过程中的贡献如何、究竟是何种资源发挥了什么程度的作用（Dyer et al.，2008）、这种资源的产权归属于哪个网络组织成员等一系列问题都很难明确或者划定，很难进行有效的资源产权测定，因而可能造成个体理性主导下的集体理性很难得到满足，在此背景下满足个体理性而不违背集体理性的分配方式成为必然选择。

（4）信息不完全。信息的完全性是保障网络组织成员沟通、相互信任的基本，现实中由于网络组织成员之间的相互竞争或者核心竞争力的保护措施、文化的不同、沟通的途径和信息化措施等，导致信息的完全性不可能完全实现，从而导致个体理性不会走向集体理性，比如"囚徒困境"模型，如果信息是完全的，那么囚徒之间就有可能串谋，从而无罪释放，得不到任何惩罚，此时，实现了个体理性但未能保障集体理性。

（5）认知有限性。即个体理性的有限性，类似于"信息不完全性"，从而导致现实决策中缺乏对不确定性的、长期的、公共的利益的认知。但一方面，如果承认了个体的有限理性，也就意味着个体理性与集体理性的冲突不可能解决，因为人们认知社会的有限理性是永远存在的；另一方面，以上从资源稀缺性、信息不完全、结构不对称等因素考察的理性只是一方面，而完全的理性还应该包含社会理性、环境理性等价值理论包含的内容，而此时也超越了有限理性的范畴，因而又产生了另外一种矛盾的根源，即对价值理念的缺失。

（6）创造共享价值理性的缺失。创造共同价值是由波特提出，认为创造共同价值是社会、环境、经济等价值的综合体（Porter & Kramer，2006；Porter & Kramer，2019），由于对经济理性的过分关注，导致了对环境价值和社会价值的缺失，更加注重了价值的获取而不是创造共同价值。

除了以上影响因素，内外部环境、社会文化和政治制度也会导致个体理性和集体理性不能同时满足。

综上来看，个体理性与集体理性冲突或者差异的根源在于资源的获取，也就是由于资源的稀缺性导致了个体利益之间的冲突，利益永远是人们行动背后的动机。网络组织本质上属于竞合组织，企业加入网络组织体现了合作，属于集体理性的体现，但利益的获取又体现了个体理性，资源的稀缺性一旦存在，个体理性和集体理性的冲突就可能存在。

结合以上分析和演化博弈的分析结果，提出个体理性与集体理性冲突的协调策略。

第一是明确成员的贡献。由命题3.4可知，合理的合作剩余分配对于企业选择集体理性的行为非常重要，但合理的合作剩余分配必须明确企业成员在网络组织中的贡献。假如成员在合作过程中资源类投入、协同能力的贡献相对清晰，此时分配合作剩余就相对公平，那么就会减弱出现机会主义行为，囚徒困境的局面就会被打破，因而网络组织成员的贡献测量极其重要和必要。

第二是相关法律的保护。网络组织成员按照契约协议进行协调、促进合作，最终按照契约进行合作剩余的分配。如果合作过程出现机会主义的行为，那么就可以借助法律解决。比如公司法、专利保护、签订的契约等。

第三是社会规范的制约。约定俗成的规章制度能有效地促进合作的进行，但由于网络组织合作的契约不是完全的，因此正式的规章制度也是不完备的。由命题3.3可知，信任、文化、沟通等关系程度在网络组织合作中也非常重要，也是提高合作剩余创造的重要方面，因而任何有损于合作规范的行为都将受到网络组织的谴责。

以上三种约束个体理性的行为，对于监督是有一定成本的，法律是不完全的，虽然可以受到社会规范和契约制度的约束，但属于被动的行为、约束力有限，因此想要塑造更高个体理性的境界，就必须塑造具有集体理性的个体。

第四是塑造具有集体理性的个体（詹宏伟，2014）。基于集体理性的个体行为，即为了网络组织的利益而自愿牺牲个体的利益，这种新型的个体行为对个体提出了更高的要求——以道德观义务论支配行为。

以上的制度、文化和法律的力量体现在个体博弈过程中，引导成员行为走向符合网络组织利益的方向，也就是使得个体理性服从于集体理性，从而保障网络组织的稳定性。

3.3.4　网络组织不同阶段的理性条件选择

既然集体理性和个体理性存在冲突或者相悖，那么在网络组织的不同发展阶段，应该选择满足什么类型的治理理性条件，如何协调集体理性与个体理性的冲突并保障理性条件的实现，是本节所要研究的内容。

按照生命周期理论，产品的生命周期分为初创期、成长期、成熟期和衰退期，网络组织也有近似的成长阶段，为下一步提出稳定性的措施提供依据，如表3-5和图3-5所示。

表3-5　　　　　　　　　网络组织的生命周期各个阶段的任务

阶段	组建期			成长期			成熟期		战略期	解体或者新机遇
任务	市场机遇或目标选择	自身能力的鉴别	互补成员的选择	关系的协调	冲突的化解	资源的整合	合作剩余的分配	成员的再选择与淘汰	一体化运行	运行终止　新的合作机会

网络组织不同成长阶段的主要任务决定了不同的治理重点，因此基于网络组织的整个生命周期划分，研究在网络组织生命周期不同阶段的特征和演化，从而从整体机理上研究网络组织的组建、成长、成熟、战略、衰退或升级的全过程，从而提前构建网络组织治理的切入点。合作

剩余生成贯穿于网络组织整个生命周期并反映发展质量的核心标识，因此通过合作剩余生成的大小变化来考察网络组织的生命周期是合理的（阮爱清和徐霄峰，2009）。

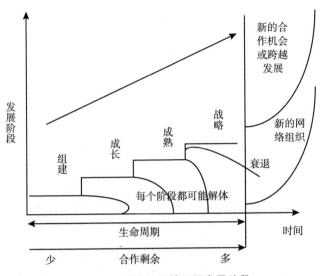

图3-5　网络组织的不同发展阶段

（1）在组建期和成长期，企业相互合作，脱离相互孤立的状态，积极争取互补资源，开始与各类经济实体（企业或组织）的联系，它们之间的相互关系形成网络组织，但这个时期的企业数量少或合作深度有限，也主要在于这个阶段还未形成有效的协同，当然也存在一定的冲突或竞争，因而生成的合作剩余较少或者为负值，也是网络组织发展的最困难阶段。此时理性条件都比较弱，因而为保障网络组织的组建成功，治理的重点在于集体理性条件的满足，同时努力保障个体理性，在此阶段促进网络组织成员之间信息的共享和反馈，根据历史合作记录及评价及时发现企业是否存在机会主义，是否存在沟通的障碍，并通过设定有效的奖惩机制来约束机会主义行为。

（2）在成熟期，网络组织在一定范围内具有较强的资源吸收能力、资源整合能力，协同能力较强因而也是合作剩余增长最快的阶段。在这个阶段，分工的专业化和协同效应的出现导致网络组织的高效率、低成本成为网络组织的竞争优势。网络组织的知识共享、技术创新是此阶段的关键问题，也是突破网络组织成熟期到战略期的关键，否则容易导致网络组织的衰退或者解体，并且这一阶段容易出现网络组织成员之间的知识、创新的锁定效应。在此阶段重要的是要识别和判断网络组织战略发展的最佳切入点，以实现网络组织的战略发展。此阶段网络组织成员之间已经建立了良好的信任关系、沟通机制，依据合作历史、剩余和共同愿景，形成信任的良性循环。在此阶段涉及合作剩余的分配，制定合理的分配策略以保障网络组织成员的利益，以促使网络组织能进入下一阶段。

（3）在战略期，合作剩余进入缓慢增长或者平稳发展的时期，这个时期实质上是成熟期的突破，虽然网络组织成员数量增长缓慢，但是成员之间的协同效应不断增加，网络组织的综合竞争能力持续上升，辐射范围也更加广泛，此时努力满足个体理性和集体理性。当然随着成员之间合作行为的不断发展，网络组织的文化逐渐形成，锁定效应也继续增强。此阶段可能会出现企业之间的兼并或合并现象，取决于企业的战略发展。

（4）衰退期或者再次合作机遇，网络组织不同阶段都存在合作与竞争，并且随着合作剩余的增加导致竞争的趋势增强，锁定效应的增强或者合作目标的完成，都有可能导致网络组织的衰退或者解体，当然也为形成新的网络组织创造了可能。反之，在新的经济环境条件下或者新的市场机遇促进下，新技术、新材料、新方法、新的管理和新的组织合作模式的成功运用，使得网络组织能够进行自我调整，实现颠覆式创新或者转型升级，此时网络组织适应了新的竞争格局、保持了竞争优势，从而网络组织进入了下一个发展周期。此时需要寻找新的市场机遇，利用新技术、新材料、新方法、新的管理和新的组织合作模式，使得网络组织能够自我进行调整或者重新组建，因而此阶段重点保障集体理性。

以上分析结果，如表 3－6 所示。

表 3－6　　　　　　　　网络组织不同发展阶段的治理

阶段	治理重点
发展阶段	治理的理性选择
组建阶段	主要考虑满足集体理性
成长阶段	满足集体理性前提下规制个体理性
成熟阶段	满足个体理性与集体理性不冲突或满足个体理性下不违背集体理性

阶段	治理重点
战略阶段	满足个体理性和集体理性
衰退阶段	主要考虑满足集体理性

3.3.5 几类不稳定性关系的平衡策略

网络组织成员期望获取预期的合作剩余。然而，结合以上分析并且也有很多案例表明，不是由于成员之间不具有资源的互补性，而是由于各类风险未能进行有效的评估，合作程度和竞争程度高低导致平衡关系打破，利益创造和利益获取之间的摩擦等原因，而导致网络组织未能带来预期的协同效应，从而导致合作剩余减少，因此需要从以下几个方面展开分析研究并给出平衡策略。

1. 网络组织风险的有效评价

网络组织成员选择——基于契合度：真正的成员愿意通过全心全意的伙伴关系来贡献合作剩余，因此有效地寻找伙伴尤其重要。研究认为成员间的契合度是影响网络组织绩效的主要因素（Ritala & Hurmelinna - Laukkanen，2009），是衡量参与成员在网络组织中战略契合程度的一个概念，主要包括伙伴规模、战略意图、技术水平、市场、资源能力等，因此对以上特征进行分类并确定了三个主要维度，以便进行有效的评价（Gnyawali & Charleton，2018）。

战略契合：成员的战略特征对最终网络组织目标具有较强的影响。例如，成员的战略目标和使命、相对吸收能力、资源的互补性、产品关联性、市场经验、网络关系和相对市场力量等。具有战略契合度的参与成员将提供更清晰的网络组织目标、更少的战略方向争议、更关注绩效活动，从而更好地生成预期合作剩余。战略契合度低的成员可能会浪费资源和时间，阻碍了为共同的目标和资源配置而奋斗的动力。

组织契合：它是影响成员组织效能和效率的组织特征。包含组织结构、成员文化、领导风格、成员资源、历史和协作经验等。组织契合度高的成员理顺了决策过程，增强了执行能力。组织匹配度低的成员会增加官僚作风、效率低下。

运营契合：指合作各方对成员的日常活动和决策达成一致的程度。

更具体地说，它涉及参与成员对网络组织管理控制和经营政策的共识，以及议价能力和控制结构的协同。高度共识和协调一致的成员，理顺了成员的日常运作，使成员处于合理的治理控制之下。成员间较低的经营契合度增加了成员间的冲突，并为机会主义行为创造了机会。

网络组织风险分析——基于关系风险和绩效风险：风险是网络组织评估的重要组成部分，风险对网络组织成员具有较广的覆盖范围。寻求机会主义行为而非合作行为的网络组织成员会使其他成员处于弱势地位，因此，网络组织成员不仅要承担常规的绩效风险，还要承担关系风险（Gnyawali & Park，2011）。关系风险：是成员在网络组织中不合作的可能性和后果，导致利用其他成员利益的机会主义行为。其中私有利益大于共有利益会造成合伙人之间的不对称激励，增加机会主义行为的诱惑。绩效风险：将关系风险排除在不合作行为之外，绩效风险与网络组织目标无法实现的概率和后果有关。绩效风险类似于成员的业务风险，它会受到外部商业环境的影响（如市场竞争、新产品，顾客口味的变化，新的政府法规，商业破产，自然灾害等）或内部操作（如战略定位、资源、生产能力、管理问题等）。绩效风险不同于关系性风险，关系风险通常不被分担，因为它源于成员关系中导致竞争与合作行为的不对称激励。相反，绩效风险是由成员共同承担的。

网络组织风险评价——基于契合度和成员行为：在网络组织的背景下，两个结构性决定因素嵌入到风险维度中。一是网络组织的成员间契合度对成员的兼容性造成了约束；二是成员的预期收益结构决定了成员在网络组织中是追求合作还是竞争行为，从而决定了成员为网络组织共同目标的实现愿意付出的努力程度，这两个结构显然与绩效风险和关系风险密切相关。

图 3-6 针对契合度、竞争和合作行为与两类风险的关系进行了分析。区域 II 中具有高度战略契合度的网络组织为进一步发展创造了良好的环境，关系风险和绩效风险都很低，总体风险水平也很低。区域 III 中具有低契合度的竞争性网络组织提供了较高的总体风险环境，此时关系风险和绩效风险较高。在区域 I 中具有高契合度的竞争型网络组织中，尽管对较强竞争的成员行为意向持高度怀疑态度，但网络组织的预期绩效风险仍然较低，从而总体风险中等。事实上，可以通过有效的治理和控制结构来约束成员的竞争行为，或者通过建立学习转移机制来提高成

员的吸收能力。最后,区域Ⅳ中存在着低关系风险、高绩效风险,总体风险中等,成员可以通过信任、互惠交换和就关键问题达成共识来降低绩效风险。因此,总体风险处于中等水平。

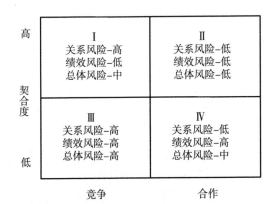

图 3-6　基于契合度和成员行为的网络组织风险分析

2. 合作强度与竞争强度之间的平衡

当竞争和合作同时较弱时,网络组织比较容易管理,此时收益比较小和挑战比较低。然而当竞争和合作都比较高时,参与环境就比较复杂并具有比较高的挑战性,但同时创造利益的潜力也比较大(Ward,2012;Harrigan,1986;Bleeke & Ernst,1994;Das & Teng,2001;Luo et al.,2016)。图 3-7 说明了参与成员如何同时沿着两个维度变化:强度(竞争和合作)和平衡(竞争和合作)(Luo et al.,2016)。

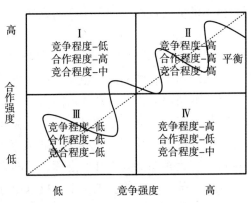

图 3-7　竞争与合作的强度和平衡

在竞争与合作强度适中的情况下，每一个组成部分的影响都足以产生潜在的利益，但又不至于强到压制另一个组成部分。如果竞争或合作过于激烈，其他因素的影响可能会被抑制，因为它们之间存在内在的冲突（Harrigan，1986）。例如，如果竞争过于激烈，利己主义的水平会使相互促进变得困难，但竞争过于微弱，它可能不足以刺激效率和创新。如果合作过于强烈，关系惯性可能会抑制创新，但弱合作可能不会在关系中产生关系规范和自我强制保障。因此，适度强的竞争与合作更有可能从合作机制中产生积极的结果，从而对价值创造产生积极的影响。

平衡是指竞争与合作之间的均衡性（Bleeke & Ernst，1994），如图3-7中分割轴线的对角线区域所示。如果竞争或合作比另一个强大得多，那么这种参与就是不平衡的。竞争与合作之间很难达到完美的平衡，因此图3-7中的折线说明了竞争与合作如何在理想的平衡周围摇摆。平衡通过抵消潜在的挑战和控制对立的力量来创造稳定（Das & Teng，2001；Luo et al.，2016）。当竞争与合作强度较高时，竞合强度较高。当竞争强度的上升与合作强度的相应上升相匹配，反之亦然时，就能保持平衡（Das & Teng，2001）。当竞争与合作达到平衡时，对每个要素都有相似的重要性，这使得成员能够从合作中产生积极的结果。在没有达到适当的强度和平衡的情况下，负面后果可能会出现。

需要在强度和平衡方面做出必要的调整。例如，成员可能有机会修改现有的合作协议或签订新的协议，这样的机会可以考虑与其他成员调整强度和平衡。在网络组织层面上，成员可以同时通过剥离可能薄弱或不平衡的关系、尝试建立中等强度和平衡的新关系、或在可能的情况下调整现有成员关系的强度或平衡。

3. 合作剩余创造和获取之间的平衡

随着越来越大的合作剩余，成员彼此间也会因获取更多的合作剩余而产生更激烈的竞争（Luo et al.，2016；Rai，2016）。从悖论的角度来看，合作剩余创造和获取存在相互依赖、动态、平行和连续的过程（Panico，2017）。合作提供了创造比单个成员更多利益的机会，但合作剩余分配往往是不对称的。另外预期获取的利益和实际获取的利益之间的差异加剧了网络组织成员之间的摩擦，在实际中预期所得利益总和应该大于实际所得利益之和，正是由于这一约束的存在，产生了合作剩余创造和获取之间的摩擦。从消极的一面看，成员可能会发现它们的合作剩余分配前景很弱，这也可能导致成员的努力程度降低或投资不足而引起未来的合作风险。其治理策略在于一方面要客观公平地评价网络组织成员的贡献，从而实现公平公正的合作剩余分配，以达到激励成员的目的；另一方面强化治理措施以减少机会主义的发生。但同时相互信任可以使得在利益获取竞争中更加注重合作剩余创造，从而避免资源浪费（Panico，2017）。

另外需要注意竞争对手之间的串谋特征分析。一般来讲，网络组织创造了更多的利益，从而有利于合作的双方，但对于最终消费者或者客户来讲，就存在两方面的问题，一方面网络组织创造的更多的利益有利于消费者，比如提供了更多的差异化产品、更优质的服务和更低的价格等；而另一方面，如果成员存在串谋的情况发生，形成寡头垄断以提高产品的价格或者提供非优质的服务，此时对于合作双方来讲是有利的，但损害了最终消费者和客户的利益（Ritala & Hurmelinna-Laukkanen，2018）。竞争法的出台也是考虑了这些问题，例如《欧洲联盟运行条约》第 101 条第 1 款禁止竞争对手之间限制竞争的合作，同时第 101 条第 3 款允许在利益属于消费者时共同创造利益。也就是说，只要合作剩余的创造和获取不危及最终客户的利益，这样的活动是可以接受的。

3.4 稳定性条件下的合作剩余分配研究逻辑

网络组织因合作而创造合作剩余，因分配合作剩余使得网络组织及其成员获得竞争优势，网络组织稳定性是保障合作剩余生成的基本条件，不具备稳定性的合作剩余创造是不可持续的。本节首先剖析"个体理性和集体理性冲突"与"合作剩余生成和预期合作剩余分配"的关系，建立合作剩余与稳定性问题研究的逻辑基础，基于个体理性与集体理性约束条件建立合作剩余分配的理论模型，为提出合作剩余的分配策略奠定基础。

3.4.1 理性冲突与合作剩余的关系

保障网络组织稳定性是合作剩余生成的必要基本条件，否则将引起网络组织的解体，主要体现为满足集体理性条件，在此基础上实现网络组织的成长。合理的合作剩余分配是稳定性的关键，也就是说满足稳定性的分配就应该是满足集体理性的，但合作剩余的分配也是网络组织成员获取竞争力的重要体现，也表现为个体理性。而个体理性与集体理性的冲突导致网络组织的不稳定，因此保障合作剩余的合理分配是协调个体理性与集体理性冲突的重要机制。

节点及其相互联结是网络组织的基本构成要素，独立的企业或个体因自己所不及而获取更大的利益时而需求合作，因合作关系而形成关系网络，即网络组织，不同的联结形式具有不同的网络结构，节点之间是动态变化的，节点之间因获取互补资源或能力、信息共享、沟通交流、知识共享和转移等价值创造活动而形成的协同效应，正是合作剩余生成的基础。由演化博弈分析可知合作剩余生成和分配影响理性条件的选择，而理性冲突影响网络组织的稳定性，从而得到如下分析命题：

命题 3.5　合作剩余生成的多少影响网络组织的稳定性。

命题 3.6　合作剩余分配影响网络组织的稳定性。

合作剩余的生成是合作剩余分配的基础。合作剩余生成是网络组织及其成员的合作目标，未产生个体预期的合作剩余将导致理性的冲突，而产生了预期的合作个体合作剩余未进行合理的分配，将直接影响合作剩余创造的热情，也会导致理性的冲突，从而合作剩余生成和预期合作剩余的分配之间的冲突就是集体理性和个体理性的冲突，从而得到如下命题：

命题 3.7　合作剩余生成和预期合作剩余分配的冲突正是理性之间的冲突。

由命题 3.5 和命题 3.6 并结合命题 3.7 可知：合作剩余未进行合理的分配都将导致网络组织的不稳定，而网络组织的稳定性是保障合作剩余生成的基础，容易导致合作剩余生成的不可持续，从而导致网络组织合作的失败，乃至解体。因而，合作剩余生成、预期合作剩余的分配和保障稳定性构成了以合作剩余生成和分配为重点的稳定性研究逻辑，关系、互动和协同效应可以看作合作剩余生成的逻辑属于网络组织的运行过程（孙国强，2003），而合作剩余的分配属于网络组织的运行绩效，因此构建"关系—过程—绩效"的稳定性逻辑，其中网络组织运行过程（对应合作剩余生成）和合作绩效（对应预期合作剩余分配），以上分析如图 3 - 8 所示。

更重要的是：由于个体理性和集体理性的冲突主要体现"思维层面"，而合作剩余的生成和分配体现的是"操作层面"，正是由于"思维"决定"操作"，从而影响网络组织的稳定性。也验证了合作剩余生成和分配与网络组织稳定性的关联，也就是如图 3 - 8 的分析逻辑，也说明了问题研究的必要性和重要性。

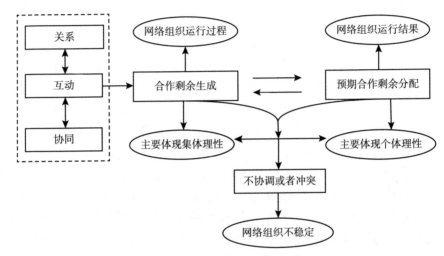

图 3 - 8　稳定性与个体预期合作剩余分配的逻辑模型

3.4.2　保障网络组织目标实现的合作剩余分配理论模型

合作剩余分配属于网络组织治理的一个重要组成部分，分配不合理将会导致网络不稳定甚至解体。由于成员的合作目标和利益诉求各不相同，尽管这些利益目标并不存在直接的冲突，在合作剩余分配过程中仍然难以避免成员获取各自利益的最大化，而是尽量保证网络组织成员的利益共赢，因此我们要研究的是如何通过设置合理的合作剩余分配框架和制度来保障"稳定性"，分配的目标应该就是保障网络组织的"稳定性与成长"。很显然，保障网络组织稳定性，也就是实现集体理性，并且通过集体理性的实现来提升网络组织整体的竞争力，从而实现组织成长，那么在实现稳定和成长的前提下，才有可能尽可能提高网络组织成员的收益，这也就体现了实现集体理性并尽可能地保障个体理性，同时也实现了"参与合作"强于"企业单干"。

由个体理性与集体理性的冲突分析及其理性条件下的治理措施可知，不违背集体理性是保障网络组织稳定性的基础，满足个体理性能够促进网络组织的可持续性也就是促进个体成长，当然也是稳定性的重要推动力。

对于合作剩余分配方法来讲，同样很难满足理性条件，自20世纪40年代以来，合作博弈提出了很多方法来解决分配的问题，但这些解要么不满足个体理性，比如Shapley值；要么可能不存在解，比如核、稳定集等；核仁满足集体理性和个体理性，并且一定有解且存在唯一解，但是随着网络节点数量的增加而求解难度巨大（胡石清，2018；姜启源等，2011）。另外加入网络组织的目的在于获取比单干时更多的收益，只有这样才能保障网络组织不解体，同时保障集体理性就是生成最大的合作剩余，以保障网络组织的可持续性，并且也是网络组织成员获得更多利益的前提。作为合作剩余分配的模型需要明确分配方法要实现的目标和现实的约束条件，然后采用科学的方法进行测量。合作剩余分配应该考虑如下原则（Brügemann et al.，2019；张瑜等，2016；孙耀吾等，2014；姜启源等，2011）：

效率与公平辩证统一的原则：只有既考虑"公平"又考虑"效率"，才能体现合作剩余的"共享性"，同时还要保证"正义"，即要适度保护弱者的利益，保障社会的正义。防止机会主义的出现和避免引发道德行为，反映要素市场的运行规律并符合市场经济的规律，属于集体理性和个体理性都满足的范畴。

满足激励相容的原则：即网络组织成员获得的合作剩余至少不小于成员单干的收益，属于个体理性的范畴。

最大分配的原则：每个成员获取的价值之和为网络生成的总剩余，属于集体理性。

综合以上分析得出如表3-7的合作剩余分配的理论模型。

表3-7   合作剩余分配的理论模型

模型含义	模型表示	理性要求
网络组织稳定性的目标函数	最大化：合作剩余生成/保障合作剩余生成	集体理性和个体理性

模型含义	模型表示	理性要求
网络组织治理的约束条件	网络组织稳定、体现合作目标，避免机会主义，体现公平性	稳定性原则/满足集体理性
	自身利益最大化/合作比单干好，体现效率、成长	激励相容原则/满足个体理性
	完全分配所生成的合作剩余	最大分配原则/满足集体理性

从模型来看，一方面网络组织要规避机会主义，避免网络组织的解体，以保持稳定性，另一方面为满足网络组织的成长，协调网络组织成员之间的关系和利益，因此合作剩余的生成与分配的矛盾也主要是个体理性和集体理性之间的矛盾，也就是本章所分析的结果。

个体理性向集体理性的演化需要解决的一个关键问题就是保障个体之间的信任，只有信任才能合作，才能保障网络组织的稳定性。以"囚徒困境"为例通过引入惩罚因子，如果坦白则会受到重罚，此时两个囚徒将会衡量利益得失，从而选择合作策略。对于合作剩余的分配存在同样的问题，如果分配所有的合作剩余，即表 3 - 7 中网络组织治理的约束条件，则会存在"搭便车"的网络组织成员，从而破坏集体理性，因而通过引入惩罚因子构建道德风险模型以促进网络组织成员的积极性发挥（张维迎，2012），本节所提的网络组织成员的努力程度 a_i 即为资源的投入、合作关系的维护等，具体模型分析如下。

1. 最大化自身效用

首先假设集体理性约束是满足的，即网络组织成员的所得之和等于总产出：

$$\sum_{i=1}^{n} s_i(x) = x, \forall x \tag{3-4}$$

其中，s_i 为网络组织成员 i 获取的合作剩余，x 为网络组织的总产出，即生成的合作剩余。

对公式（3-4）中的 x 求导数，即得：$\sum_{i=1}^{n} s_i'(x) = 1$。此时每个成员都独立地选择 a_i 以最大化自己的效用函数 $u_i = s_i[x(a)] - c_i(a_i)$，$a = (a_1, a_2, \cdots, a_n)$，这时效用函数关于 a_i 的一阶导数为：

$$s_i'(x)x_i' = c_i'(a_i), \quad i = 1, 2, \cdots, n \qquad (3-5)$$

其中 $x_i' = \dfrac{\partial x}{\partial a_i}$。

2. 帕累托最优的努力程度

$$a^* = \text{argmax}_a\Big[x(a) - \sum_{i=1}^{n} c_i(a_i)\Big] \qquad (3-6)$$

一阶导数条件为：

$$x_i' = c_i'(a), \quad i = 1, 2, \cdots, n \qquad (3-7)$$

由公式（3-5）和公式（3-7）可知，对于 $\forall i$，$s_i' = 1$，但这个条件与集体理性约束公式（3-4）中对 x 的导数结果 $\sum_{i=1}^{n} s_i'(x) = 1$ 相矛盾，比如 $s_i'(x) = 1/n$，因此满足集体理性约束的纳什均衡努力程度严格小于帕累托最优努力程度，所以只要坚持集体理性约束，帕累托最优就不可能达到。

3. 打破集体理性约束

正是公式（3-4）所表示的集体理性约束，也就是分配了所有的合作剩余，从而导致了"搭便车"行为的发生（Holmstrom，1982），因此可以通过引入委托人来解决（Alchian & Demsetz，2007），具体措施是放弃集体理性约束，帕累托最优就可以通过纳什均衡达到。具体做法为：网络组织成员按照贡献大小分配合作剩余，但除了获取正常的合作剩余之外，再给它一种额外的收益，比如奖金、股利、荣誉等；而对于"搭便车"的网络组织成员，实行惩罚措施，比如合作剩余分配数值为0或者网络组织通报批评、按照协议移交法办等。

假定集体理性约束改为：$\sum_{i=1}^{n} s_i(x) \leqslant x$，考虑如下的利益分配方案：

$$s_i(x) = \begin{cases} b_i, & \text{若 } x \geqslant x(a^*) \\ 0, & \text{若 } x < x(a^*) \end{cases}$$

其中，a^* 是帕累托最优努力程度。根据上述分配方案可以看出，如果总产出大于或等于帕累托最优产出，成员 i 得到 b_i；如果产出小于帕累托最优产出，成员得到0。在上述方案下，纳什均衡可以实现帕累托最优（张维迎，2012）。

打破集体理性约束的目的是使得"惩罚"或"激励"足以消除成员的"搭便车"行为，因为每个成员都害怕受到惩罚（或渴望得到奖金），每个成员都不得不选择的帕累托努力程度为 a_i^*，帕累托最优就作为纳什均衡出现。

尽管以上专家学者为解决集体理性和个体理性的关系问题提出了"有选择性的激励"手段，但由于网络组织规模大，具体测算网络组织成员的贡献需要花费高额的成本，还包含奖惩成本、度量成本和信息成本等，因而需要进一步研究更具有宽松条件的合作剩余分配方式。奥尔森（Olson，2009）也认为小集团可能存在个体利益与集体利益的一致性，因而个体理性与集体理性的统一，但实质上网络组织由很多"社区或小社会"存在的合作组织，因而通过选择性的激励机制能够建立起合作剩余生成的集体理性行为。

3.4.3 合作剩余分配与网络组织稳定性的案例分析

满足个体理性和集体理性不可能同时实现，那么更加宽松的个体理性与集体理性条件是什么？现实中是否存在？这些理性条件与网络组织的稳定性有什么关联？虽然现实中也有所描述的典型场景，比如"孔融让梨"，但它只是行为方式的一种高度境界，形成"人人让我、我让人人"的局面，现实分析中由"囚徒困境"模型也决定了个体理性和集体理性不能同时实现，比如"公共设施的使用、公地悲剧"等模型，但折中的理性条件还有以下三种情况，如表3-8所示。

表3-8 几类理性条件分析及其稳定性

各类理性条件组合	典型案例及其描述	实现条件	自愿/非自愿	稳定性
满足个体理性和集体理性	孔融让梨：人人让我，我让人人，主动和谐	客观条件决定了很难存在	自愿：主动性公平	差
满足个体理性下不违背集体理性	智猪博弈，其他合作博弈论中的案例	如概念模型所述	自愿	好
满足集体理性前提下规制个体理性	罗马规则和猫吃辣椒：法律强制和公平正义，分配者最后选择	规制与契约	非自愿：被动性公平	中

续表

各类理性 条件组合	典型案例 及其描述	实现条件	自愿/非自愿	稳定性
只考虑满足个体理 性或集体理性	形不成网络组织	企业单干或集中国 家力量办大事	自愿/非自愿	差
满足个体理性与集 体理性不冲突	大河有水小河满或小河 有水大河满	满足激励相容约束	自愿	中

满足个体理性下不违背集体理性。实质上此种方式就是保障网络组织稳定性即保障网络组织不解体的最低限制条件下，来促进网络组织的成长，以满足网络组织成员的个体理性，实质上属于合作博弈的基本条件，显然稳定性强。在网络组织经济环境下，不能用类似行政命令的方式以牺牲个体利益谋求集体利益。因此，尊重个体的利益诉求，同时将个体行动导向集体理性的轨道无疑是最优选择。

满足集体理性下规制个体理性。此种方式在于规制或约束个体理性，以实现集体理性的要求，典型案例比如"猫吃辣椒和罗马规则"（或者狐狸规则）。罗马规则是古罗马军队发展起来的分面包规则，是法律强制以保障公平正义，分配者最后选择，依靠他律以实现自律的行为方式，在网络组织成员实力相差不大时可以使用，此时合作剩余的分配相对均等。在实力相差很大时，显然不适用；猫吃辣椒属于权利的胁迫，网络组织成员不得不为之，此时网络组织成员心不安、行不愿，达到了规制个体行为的目的以满足集体理性，此种方式实现的方式在于：一方面确定标杆，让网络组织成员贡献大的得到的多；另一方面抑制较低贡献者以达到优化网络组织成员的目的，显然稳定性中等。比如"少数服从多数"，实质上满足了集体理性，一定程度上损坏了个体的利益，不满足个体理性条件。

只考虑满足个体理性或者集体理性。显然两种极端情况都不适用于组织合作的情况，比如直接的行政压迫或者制度安排满足了集体理性，但不能保障网络组织的稳定性，同理如果只满足个体理性，也不会形成网络组织，显然稳定性差。

满足个体理性和集体理性不冲突。如果集体中的个体能充分参与、交流并达成合作，则满足个体理性诉求的同时，也往往能实现集体理性的要求；否则二者就很可能产生冲突：基于个体理性的最佳选择并非团体的最佳选择，比如因徒困境模型。此种状态下，个体利益和集体利益是一致的，每个人努力为实现自己的目标而工作，得到的结果也是集体利益的最大化，没有人可以通过损害集体利益去实现个体利益的最大化。

从以上分析得到如下命题：

命题 3.8　满足个体理性条件下不违背集体理性是网络合作的充分必要条件。

3.5　本章小结

本章深入分析稳定性与合作剩余生成、合作剩余分配的关系，构建了网络组织稳定性研究的逻辑模型。基于理性条件和网络组织稳定性的目标，设计了理性条件下的合作剩余分配理论模型。实践中合作剩余分配的理论模型很难满足，一方面考虑弱化约束条件，另一方面设计不同的目标函数，比如满足战略目标，此时主要考虑战略的因素，因而需要设计更具有一般性的合作剩余分配模型，这也是本书努力的方向。

第4章　合作剩余的生成机理

本章从系统动力学的视角提出合作剩余生成机理的基本分析框架，综述现有文献，确定了三个对合作剩余生成具有重大影响的要素模块，分析了物质流、信息流的因果关系，此外还研究了合作剩余生成因素是如何相互关联的并且随着时间而发展的，以及这些因素的有效性受到网络能力的影响等。

4.1　合作剩余生成的影响因素研究

依据第3章的分析，网络组织可以分为组建、开发和实施阶段。组建阶段主要体现在网络组织成员的选择，主要按照创新目标选择合作伙伴来形成网络组织，需要考虑的选择因素非常多，重点是资源和技术创新能力、伙伴之间的匹配能力。在开发阶段，网络组织作为一个整体共同工作，做出与创新总体范围相关的决策，并满足网络组织成员和创新需求的经济价值标准。实施阶段通过发展网络组织的实践，如开放知识共享、头脑风暴、创新工作坊等促进网络组织成员之间的合作。在开发阶段结束后，将进行网络组织的实践并实施。基于以上分析得到每个阶段的主要任务，如图4-1所示。

商业模式通过使用激励机制将网络组织成员行为与创新关键绩效目标的实现紧密联系起来。网络商业模式的核心是一个多维度的激励方案，需要关键绩效目标作为输入，并不局限于针对目标实现的成本激励，它还包括为其他关键绩效目标设置的绩效激励（如进度、质量和项目效益，以及可用性和公众形象等），超过最低要求的绩效将获得奖金，处于最低要求的绩效将受到处罚。激励机制允许更好地协调网络组织成员各方的目标，以服务于网络组织的整体目标。文化之间的协调是网络组织的重要组成部分，也是冲突或者摩擦的重要影响因素，此方面的解决来源于信任和经常有效的沟通和畅通的信息渠道。开发阶段的结果为实施阶段提供了基础，戴尔和辛格（Dyer & Singh，1998）提出把网络关系作为理解公司绩效的一个独立单元，这个框架被命名为关系视角，提出了企业间的价值生成理论和合作剩余分配的主要决定因素，并对影响因素之间的关系进行了分析，但仍然缺乏系统的方法来描述合作剩余生成的动态过程。

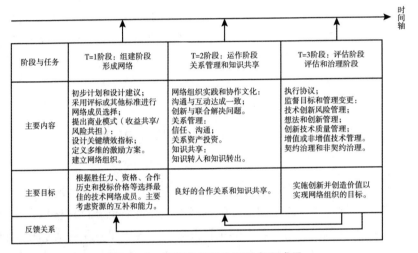

图 4-1　不同阶段的主要任务和成果

与单纯的市场关系相比，网络组织成员之间的关系联结具有特殊性，比如关系资产投资用来投资这种特定网络关系，比如相互信任、加强沟通（Jones et al.，1997；Dyer & Singh，1998；Dyer et al.，2018）；成员之间广泛的知识共享（转移）是实现创新的中间环节（Aggarwal & Kapoor，2019；Zhang et al.，2019；Dyer et al.，2018），也是链接互补资源和合作剩余生成的重要环节，当然互补资源之间的整合也能直接实现合作剩余生成，但对于相互依赖程度较高的互补资源的合作剩余生成效果如何还有待于下文分析；互补资源和能力的投入，将促进新知识、新服务、新技术和新产品的生成（Jones et al.，1997；Robinson，2000；Dyer & Singh，1998；Dyer et al.，2008；Dyer et al.，2018；Lavie，

2006）；有效的治理机制是实现激励和机会主义的规避的关键途径，从而节省成本和促进合作剩余的产生，保障网络组织目标的实现（Jones et al.，1997；Robinson，2000；Dyer et al.，2008；Kale et al.，2002）。基于以上分析及表4-1的内容构建合作剩余生成的系统动力学模型分析的三大模块：（1）互补资源和能力；（2）关系资产投资；（3）治理机制（Dyer et al.，2008）。

　　表4-1提供了合作剩余创造要素模块的描述，以合作剩余生成内在因果关系为基础，构建合作剩余生成的因果关系图，并具体划分为三个模块阶段进行考察。其中合作剩余生成的有效性受到网络组织的能力和动机的影响，这些能力或者机会可以强化合作剩余的生成，减少创新所需要的时间并灵活应对创新中的不确定性。网络能力分成协调能力、沟通能力和联结能力。

表4-1　　　　　　　　合作剩余生成的要素模块描述

模块	要素	要素解释	生成的子流程
组建阶段	互补性资源和能力	互补但稀缺的资源或功能组合，从而共同创建独特的新产品、服务或技术，生成出单个企业难以模仿、复制的竞争力，从而生成更多的合作剩余	识别和评估潜在互补性的能力；资源的相互依赖关系以及在合作剩余生成过程中的作用
开发阶段	关系专用性投资	通过关系专用性投资与合作伙伴联合培育专用性资产以此保障合作剩余的生成。主要含：位置专用性、物质资产专用性和人力资本专用性，其他关系资产等。 知识共享是保障合作剩余生成的重要方面，如果无法构建知识共享路径就难以及时获得共享信息，包括知识的共享、转移和由此诞生出新知识，分为隐性知识和显性知识	持续的关系保障措施；持续的关系资产投入。鼓励合作的透明度，包含知识共享和信息传递；消除阻碍知识自由流动的障碍
实施阶段	治理机制	简单的资源增加未必会带来协同效应，还需要建立良好的关系和治理机制，主要体现在激励和机会主义的规避，激励的核心在于合作剩余的合理分配	采用关系管理和契约治理，即采用非正式的自我执行治理机制和正式的契约治理机制

4.2 合作剩余生成的系统动力学建模

4.2.1 系统动力学的适用性分析

系统动力学是一种方法论，通常用于理解复杂系统随时间变化的行为（Forrester，1997）。系统动力学也被用作系统描述和建模的方法，它关注因果关系，分析各种决策场景和反馈循环，观察不同时间框架下系统组件的趋势，发现改进策略，最终能更好地理解系统并且能够捕获反馈循环的系统整体方法（Tirole，1988），这些特性使得系统动力学建模成为研究网络环境下的合作剩余生成动态的合适方法。

网络组织决策通常分为战略、战术或业务决策。传统上主要采用关键路径法、程序评估和评审技术、数学编程技术和启发式方法解决业务层面的决策。然而，大多数合作失败主要归因于网络组织成员的战略（Lyneis et al.，2001），实质上过分强调网络组织稳定性强的特征也恰好证明了战略在合作中的重要性，战略决策问题主要包含：绩效目标、激励机制、风险评估、协同能力和投入贡献的测量等。系统动力学模型通过考虑在合作运行时预先做出的决策，以及提供这些决策对合作实施绩效的长期影响做出指导，从而促进网络组织的战略管理。

随着网络组织问题的日益复杂，战略管理对于合作剩余生成变得越来越重要。传统的工具和思维模型不足以处理合作剩余生成的动态复杂性。这些工具和概念要么静态地看待一个项目，要么采取一种局部的、狭隘的观点，以指导管理者能够处理复杂的合作问题。系统动力学在网络组织中的应用可以分为三类：网络结构，比如演化机制、知识转移机制和反馈、稳定性等；网络动力学，比如驱动利益分配的动力；网络形成机制，比如网络组织的形成、协同能力形成等，但还存在以下问题：

（1）缺少系统和全面性：以前是离散因素，缺少因素之间的联系，缺少对共同战略目标的相互促进、反馈作用的研究。

（2）缺少动态性：以前注重静态、缺少时间和相互作用演化的动态化考虑。

（3）缺少分配对合作剩余生成的反馈作用：一方面需要研究相互作用机制，另一方面加强网络组织成员之间的互动式研究。

（4）缺少仿真的考虑：现有研究主要是定性分析，定量分析主要是调查问卷（不能考虑演化）、多主体仿真（缺乏阶段性描述，并且因素比较复杂时难以进行仿真）、建立博弈论模型（取决于模型的假设，缺少通用性，每个模型分析的逻辑起点不同）。

本书选择定量的系统动力学方法，揭示合作剩余生成的机理。在系统动力学建模理论开发工作的基础上，对网络组织成员如何在实施过程中的合作剩余生成过程进行一般性的解释，并探讨合作剩余生成过程之间的相互关系。采用因果循环图来描述合作剩余生成的动态，因果循环图是一个系统动力学建模工具，它可以帮助映射变量之间的因果关系和影响关系，使用因果循环图描述系统行为是开发动态模型的重要组成部分，并作为描述复杂系统如何随时间发展的一种方法。因此该建模工具是一种研究合作剩余生成问题的合适的方法，并探索因果关系、系统中的循环和反馈效应。因果循环图由弯曲箭头连接的变量组成，每个箭头都带有极性和时间延迟符号，两个变量之间的箭头表示它们之间的因果关系。极性用 " + " 表示，表示两个相关变量的变化方向相同，或者用 " – " 表示两个关联变量的变化方向不同。在以上分析基础上，对影响因素及其关系进行了系统动力学仿真，进一步验证了理论分析的正确性。

为构建合作剩余生成的动力学模型，首先需要确定合作剩余生成系统的建模目标，进而通过因果关系分析，定义相关变量并建立方程，通过模拟与仿真以及模型的相关检验，然后修改并完善模型，并为合作剩余生成提供相关政策建议，具体过程与步骤如图 4 - 2 所示。

本书模拟对合作剩余生成有强烈影响的要素和过程，并解释了它们如何随着时间的推移而动态发展，如表 4 - 2 所示。为了实现研究目标，可以用一套因果循环图来解释合作剩余的生成过程，因果循环图显示了反馈循环：正循环（加强）和负循环（平衡）。不同循环之间的交互决定了系统的最终行为。

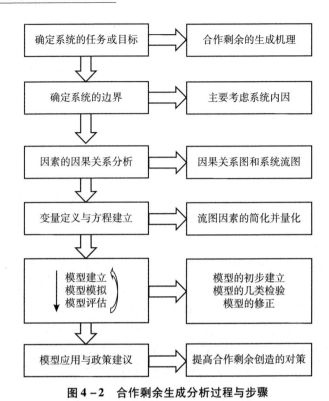

图 4 − 2　合作剩余生成分析过程与步骤

表 4 − 2　　　　　生成合作剩余的要素及其主要反馈循环

要素	循环	描述
互补资源和能力	正	互补资源和能力对合作剩余生成的影响，可以直接生成也可以通过影响其他因素生成合作剩余
	正	资源互补性的变化通过投资关系资产和知识共享增加合作剩余的机会
	平衡	市场竞争生成合作剩余的互补资源被复制；环境动态变化使生成合作剩余的互补资源变得过时
关系专用性投资	正	投资额随着网络组织成员之间相互依存度的增加而增加，并与知识共享路径一起发生变化
	平衡	关系惰性的变化影响合作剩余的生成，信任增加并替代正式保障措施
	正	知识共享量随着网络组织成员之间相互依存度的增加而增加，并与关系专用性投资一起发生变化
治理机制	正	治理机制对生成合作剩余的影响，主要通过激励机制和机会主义规避进行

本章以合作剩余生成的内在因果关系为基础，构建合作剩余生成的因果关系图，并具体划分为三个模块阶段进行考察。其中合作剩余生成的有效性受到成员的能力和动机的影响，这些能力或者机会可以强化合作剩余的生成。

4.2.2 合作剩余生成因素的因果关系表示

基于以上分析，从互补资源核能力、关系资产投资和治理机制三个方面进行合作剩余生成因素的因果关系分析。

网络组织存在的本质之一在于"互补资源的获取或共享"，比如知识、能力、技术等软资源或者厂房设备、财务等硬资源，而资源的获取或共享的本质在于互补性或异质性资源的存在，所以分析合作剩余生成的机理影响因素时将围绕"互补性资源"这个主题进行（Hess & Rothaermel，2011）。互补资源的互补程度和投入数量直接影响关系资产投资和知识共享历程，而关系资产投资和知识共享历程直接影响合作剩余的生成。当然互补资源的投入也能直接影响合作剩余的生成，而合作剩余生成的数量影响投机行为。其中互补资源的投入、知识共享历程、关系资产投资、治理机制都增加了合作剩余的生成；而机会主义和预期收益的减少，将通过影响互补资源、关系和知识的投入数量从而减少合作剩余的生成。

网络组织成员投入的互补资源越多，整体网络资源越多，生成的合作剩余越多。资源即包含投入的各类资源，也包含通过资源吸收内化而形成的新资源。网络能力越强，从外部获取的资源越多，在一定程度上增加了网络内资源的总量，但是也会增加资源的同质性，使得网络内异质性资源的减少，进而增大了网络内的竞争，影响网络组织成员的信任性，从而导致资源投入量的减少（Baum et al.，2010）。成员投入较多的互补性资源，可以通过较多的关系资产投资和知识共享历程来提高各类资源的配置和利用效率。如果网络组织具备有效的治理机制和关系资产投资，那么将会改善网络组织所需要的各种资源的互补度。资源的互补性和资源的投入数量是保障合作剩余生成的两个重要方面，只有当两者都控制合理范围时，才能实现资源利用的最大化。资源互补度的改善会反过来提高资源的配置和使用效率，形成强化循环。网络组织成员规模的对等性、发展模式的相似性，就具备网络组织长期存在的可能性，要想长期维持网络合作，网络组织成员之间就需要逐步协调资源投入数量和资源的属性，进而能保证成员之间合作的稳定性，保证网络组织成员的预期收益，减少网络组织成员的投机行为，从而保障合作剩余生成（Lavie et al. ，2012）。

如果具有合作成功的历史，网络组织成员将共享因为合作而带来的诸多利益。为了实现更好的发展，网络组织成员将在下次合作过程中投入更多的资源，合作关系也更加强化，按照反馈因果关系图，最终结果是比较理想的。反之，如果投入较低的资源，合作关系也不是非常紧密，则协同效应较低，合作剩余将低于预期收益，从而网络组织成员的收益也低于预期（Lavie et al. ，2012）。不合理的合作剩余分配方案将加剧以上情形，从而降低成员的预期收益。在以上情况的影响下，成员之间的知识共享也将受到影响，因而彼此之间的合作意愿就会降低，降低的合作意愿将对合作剩余的生成产生消极的影响（Li et al. ，2010）。

此外，外部经济和社会环境、初始状态也会影响合作剩余的生成。通常选择网络组织成员规模对等、文化背景类似的创新合作伙伴以有利于网络组织的稳定性，以此确保合作剩余的生成。具体因果关系如图4－3所示。

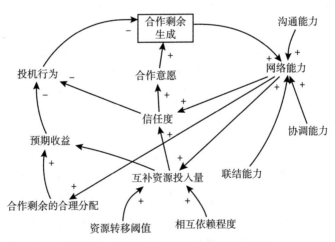

图4－3　基于互补资源投入的因果关系

命题4.1　当网络组织成员互补资源之间的相互依存度较低时，合作剩余生成一般会遵循倒"U"形模式。

在资源相互依存度低的情况下，合作剩余可以迅速地产生，但往往也会快速地消失。合作伙伴之间的资源依存性较低时，合作伙伴可以更快地汇集和解散互补资源，这将导致生成的合作剩余遵循倒"U"形模式，如图4-4所示。例如，由于分工明确，而且合作伙伴之间较少相互依存的资源处于危险之中，因此治理机制可能基于相对简单的合同。换句话说，相互依存程度低的创新网络更容易解散。例如麦当劳和迪士尼公司合作的例子，两家公司通过合作将电影主角玩具放在开心乐园餐（Happy Meals）中，这种合作的执行相当简单（因此也很快），并且通过相对简单的合同实现治理（Thorgren & Wincent，2011）。此外，当相互依存度较低时，就没有必要对关系资产或知识共享路径进行投资，因为这些投资通常需要时间才能开发和部署。较低相互依存度的网络组织不仅会更快地生成合作剩余，而且由于相互依存资源的模块化性质，它们也会更快地解体。例如，当AT&T和苹果结成网络组织，共同推广和销售iPhone和AT&T手机服务时，它们的相互依存度相对较低，这使得它们成为有时限的网络组织（持续5年），时限到期后网络组织自动解体。

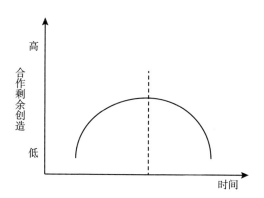

图4-4　互补资源依存度较低时的合作剩余生成模式

虽然在以较低相互依存度为特征的合作剩余生成的模式往往是快速进入和快速退出，但在互补资源相互依存度较高时，情况并非如此，得到命题4.2。

命题 4.2　当网络组织成员的互补资源相互依赖程度较高时，合作剩余生成往往遵循"S"形模式。

随着时间的推移，高度相互依存为特征的网络组织中产生的合作剩余将遵循"S"形模式，而不是"U"形模式，如图 4 – 5 所示。相互依存度较高的网络组织（因此需要加大资产的共同专用化、制定知识共享规程以及非正式治理机制）需要花更长时间才能取得成果，而且解散的可能性也较低，这些网络组织的解散一般需要花更长时间（Schilke & Cook，2014）。因此，预计在生命周期早期所出现的合作剩余相对较低，原因是合作伙伴在探索和验证如何从高度相互依存的资源中生成合作剩余时，以及当它们制度更复杂的治理机制以确保合作和有效协调时会产生协调成本。在生命周期的早期和中期阶段，合作伙伴会不断加大对知识共享和关系资产的投资。如前所述知识共享和关系资产之间存在协同关系，增加对其中一项的投资会导致对另一项的投资增加。因此，合作伙伴会加大投资力度，合作剩余的生成也会开始相应地增长。然而，在某一时刻，要么是资源趋同或资源差异，要么仅仅是因为它们的联合产品的目标市场已经进入 S 曲线的成熟和衰退阶段，新客户的数量逐渐减少。因此，合作伙伴不再对知识共享和关系资产的投资，此时合作伙伴通常会做出预测并为网络关系的衰退和终止做好准备。

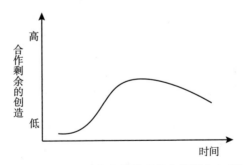

图 4 – 5　互补资源依存度较高时的合作剩余生成模式

网络组织会出现各种非预期的变化和问题，如机会主义、冲突等，影响因素主要包含网络内部的知识共享是否顺畅，主要对应知识共享路径。网络组织成员的合作关系是否紧密，主要对应关系资产投资。

由于网络组织成员资源的异质性，合作关系必须增强才能保障合作的顺利进行，并且需要很长时间的合作关系投资才能保障资源之间的合理配置。另外，由于网络组织成员之间的异质性，成员之间的价值观也存在一定的差异，合作过程中出现摩擦不可避免，严重的可能导致合作关系的破裂，此时，合作关系如果没有得到有效的治理，就有可能导致机会主义的出现，影响合作剩余生成，因此需要强化关系资产投资。

关系资产包含信任、信誉和声誉（Dyer et al.，2018）。信任度能促进合作意愿，降低运行成本，减少冲突，弱化合作风险。合作意愿促进互补资源等投入，信誉和声誉推进信任，信任度减少投机行为，网络组织成员之间保护良好的合作关系是合作剩余生成的精神保障。合作伙伴关系紧密程度提高了合作剩余生成的可能性，增强了彼此之间的信任度。网络组织成员的声誉越高，成员之间的信任度越高，而且成员之间的违约成本就越高，从而减少了机会主义的出现，促进了长期合作的意愿，确保合作剩余生成的最大化。

信任度的增强促进知识共享增加，知识共享增加促进合作剩余的产出，知识共享数量和关系资产相互促进。知识的共享（转移）是合作剩余生成的重要环节，也是保障网络运行的重要物质保障。单方向的知识转移对于网络是不稳定的，同时要强化知识的吸收和反馈以增强知识转移的有效性。一方面要不断学习和吸收对方的知识，另一方面也要经常反馈自身的信息，以上两方面的结合才能保障网络组织的稳定性。另外，在消化吸收对方知识时，也要保障自身知识的保密性。

通过对知识共享路径和关系资产投资主要因素的分析，发现各种因素之间是相互作用的，并且是通过因素之间的因果链条逐步影响合作剩余生成的。利用以上分析的因素构建因果关系图并探讨影响机制，如图 4-6 所示。

网络组织除了通过互补资源的投入和知识共享、关系资产投资之外，还需要进行有效的治理才能实现合作剩余的生成，而有效治理的核心环节就是合作剩余的分配，合作剩余分配的合理性直接关系到合作剩余的生成。有效治理影响投机行为，主要是通过保障互补资源的投入、关系资产和知识共享路径的投入，来影响合作剩余的产出，保障网络组织的运行。公平合理的合作剩余分配促进公平感，减少内部冲突，促进合作意愿。通过自我治理机制和第三方的治理机制来相互约束，以实现合作剩余生成的最大化。

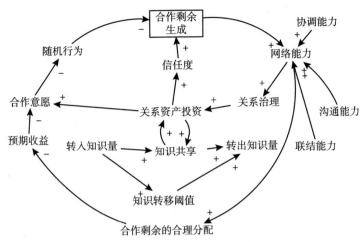

图 4 – 6　基于关系资产投资的因果关系

　　在合作剩余生成的有效治理因素反馈流模块中，预期较多的合作剩余生成能促使网络组织成员投入较多的互补性资源，并且支付更多的关系资产投资，从而有利于提高网络整体的价值创造，此时网络组织成员的预期收益也会得到相应的提高，是否得到提高也取决于合作剩余分配的合理性。只有合理的利益分配方案，才能保障合作各方的利益得到保障，从而实现整体利益最大化条件下的网络组织成员利益的最大化。另外，在合理分配方案的驱动下，网络组织成员也提高了资源的投入，强化了关系资产的投资，保障了知识的共享，同时由于合作关系与技术的依赖，也将提高网络组织成员之间的合作意愿。

　　从以上分析可以看出，有效治理贯穿合作的始终，影响有效治理的各因素之间也是存在错综复杂的关系，各要素的变化都来自流图上要素的变化，如图 4 – 7 所示。

　　网络组织能力和动机是合作剩余产生的辅助变量，网络组织能力提高成员的竞争力，成员竞争力促进合作意愿，合作意愿的增强从而推动合作剩余的生成。网络组织成员的预期收益影响公平感，而公平感因素影响合作意愿。网络组织能力推动信任度提高、信任度减少投机行为。

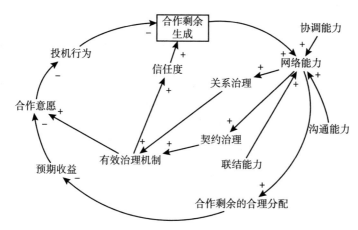

图4-7　基于治理机制的因果关系

伴随着合作的深入，网络合作的协同作用逐步显现。资源投入数量主要受到预期收益的影响，当预期收益较高时，网络组织具有较大的吸引力，此时投入数量较多；当生成的合作剩余较小时，吸引力下降，资源投入减少，合作关系中止或中断。另外资源投入量受到关系资产投资、知识共享惯例和有效治理的影响，比如治理越有效、知识共享惯例顺畅、关系资产投资高，生成的合作剩余越多，反之也成立，因而属于正向反馈因果关系。

从以上分析，可构建网络组织的因果关系图，如图4-8所示。该图包含五大因果关系回路。第一个因果关系回路是互补资源的投入引发知识共享和关系资产投资，通过知识共享和关系资产投资来影响合作剩余的生成，进而吸引更多的企业加入网络组织中，使更多的互补资源投入；另外互补资源的投入也可以直接生成合作剩余，从而形成正向反馈。第二个因果关系回路是有效治理引发知识共享和关系资产投资，从而为合作剩余生成提供了基础，网络组织成员得到更多的预期收益，更多的预期收益提供了网络组织成员的竞争力，为促进良好合作关系的形成、信任的强化奠定基础，从而更有利于治理机制的完善。第三个因果回路是预期较高的合作剩余投入到合作过程中，促进了互补资源的进一步投入，最终对合作剩余增加的影响，合作剩余的增加又提高了网络组织成员预期的合作收益。第四个因果关系回路是预期比较高的合作剩余生成会使合作关系的质量提升，增进了彼此之间的相互信任，反之相互信任会促使合作关系更加紧密，有利于合作剩余生成的提高，因而形成一条反馈回路。第五个因果关系回路是紧密的合作关系能够保障网络组织成员进行有效的沟通（Schilke & Cook，2014），此时知识共享（转移）就相对顺畅，提高了知识共享度。而知识共享度的提高是保障合作剩余生成的重要方面。另外知识的共享度提高符合网络合作的根本目的，因而能有效地避免成员之间的冲突，从而合作各方的合作意愿增强，保障了合作剩余的生成。

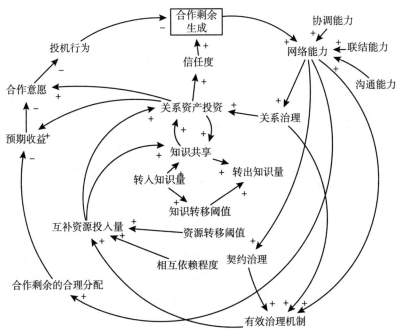

图 4 - 8　合作剩余生成的因果关系

4.2.3　合作剩余生成因素的系统流图构建

前面通过对影响合作剩余生成的三个模块进行了正负作用分析，清晰地展现了决定因素的相互作用和因果关系，为进一步深入分析要素的相互作用，需要把因果关系图转变为系统流图，明确要素之间的因果关系为进一步仿真模拟奠定基础。系统流图的特点是将系统中各变量按照不同的特征以及在系统中的作用划分为不同的种类，并用物质流和信息流线按照其特有的作用方式连接起来，以组成类似于网络结构的图示。在变量设定的基础上，本书利用 Vensim PLE 软件绘制合作剩余生成内在机理的系统流程图，如图4-9所示。

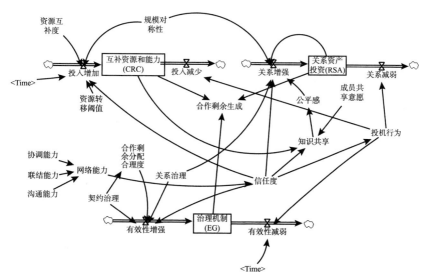

图4-9 合作剩余生成机理的系统流图模型

为将变量要素的影响路径尽可能清晰地展现出来，原则上选取具有代表性的变量作为流图变量，去除一些意义相近或者冗余的变量，把一些关键的因素表示出来。由于网络组织合作剩余生成的复杂性，为保障模型的简洁性原则，还需要把明确的并且关键的变量流在系统流图中。

（1）组建阶段，设定状态变量为互补资源和能力，表征其随时间变化的流率变量为：投入增强和投入减少，同时选取资源转移阈值、资源互补度作为辅助变量。

（2）运行阶段，设定状态变量为关系资产投资，表征其随时间变化的流率变量为：关系增强和关系减弱，同时选取知识共享、公平感、信任度等作为辅助变量。

（3）保障阶段，设定状态变量为治理机制，表征其随时间变化的流率变量为：治理有效性增强和减弱，同时选取合作剩余的合理分配、契约治理和关系治理、投机行为等作为辅助变量。

4.2.4　合作剩余生成的系统动力学模型构建

基于系统动力学模型的基本步骤进行合作剩余生成进行分析，主要包含因素的公式及其赋值并对模型的有效性进行检验。

以因果关系图为基础，将合作剩余生成的系统流图进行研究，并从理论层面上已经确定三个方面对于合作剩余生成存在的重要影响。实际上可以把合作剩余生成看作是三个因素的产出，类似于柯布—道格拉斯函数的形式，具体公式为：

$$合作剩余生成（CSC）= 0.8 * CRC^{0.6} * RSA^{0.2} * EG *^{0.3}$$

由于指数之和大于 1 代表规模报酬递增，符合合作剩余生成的规模报酬递增常识。互补资源转移阈值转化为资源相似程度达到 0.9 就不会再合作，此时生成的合作剩余为 0。在实际中合作剩余生成需要经历一个复杂的过程，延迟两年，参照相关文献（范建红等，2016；刘颖等，2014；董媛媛和王宏起，2014；Kang & Lee，2019）并依据实践情况，具体关系公式分析如下：

（1）"互补资源和能力（CRC）" = INTEG（投入增加 – 投入减少，10）。

（2）信任度 = 网络能力 * 0.2。

（3）公平感 = 知识共享 * 0.23 + 0.05。

（4）关系治理 = 0.1。

（5）"关系资产投资（RSA）" = INTEG（关系增强 – 关系减弱，10）。

（6）减少投入 = DELAY1（投机行为 * 0.3，2）。

（7）合作剩余生成 = 0.8 * "互补资源和能力（CRC）"^0.6 * "关系资产投资（RSA）"^0.2 * "治理机制（EG）"^0.3。

（8）协调能力 = 0.6。

（9）合作剩余分配合理度 = 契约治理 * 0.2 * 5。

（10）增加投入 = DELAY1［IF THEN ELSE（资源转移阈值 ≤ 0.9，信任度 * 0.2 + 规模对称性 * 0.3 + 资源互补度 * 0.4 + 资源转移阈值 * 0.1 – Time/1000，0），2］。

（11）契约治理 = 0.35。

（12）成员共享意愿 = 0.2。

（13）关系减弱 = 投机行为 * 0.15。

（14）关系增强 = [信任度 * 0.2 + 公平感 * 0.25 + 关系治理 * 0.3 + 规模对称性 * 0.25) * (20 – "关系资产投资（RSA）")]/20。

（15）投机行为 = 1/信任度 * 2.5e – 008。

（16）有效性减弱 = 投机行为 * 0.3 + Time/250。

（17）有效性增强 = 信任度 * 0.15 + 关系治理 * 0.25 + 合作剩余分配合理度 * 0.3 + 契约治理 * 0.3。

（18）沟通能力 = 0.5。

（19）"治理机制（EG）" = INTEG（有效性增强 – 有效性减弱，10）。

（20）知识共享 = "互补资源和能力（CRC）" * 成员共享意愿 * [信任度 + DELAY1（信任度，4）]/DELAY1（信任度，4）。

（21）网络能力 = 协调能力 * 沟通能力 * 联结能力。

（22）联结能力 = 0.3。

（23）规模对称性 = 0.15。

（24）资源互补度 = 0.1。

（25）资源转移阈值 = 0.25。

本书的核心在于研究三个因素对合作剩余生成的影响。已有的研究表明互补资源的投入与合作剩余生成呈现递增关系，但是定量化的研究还未涉及，关系资产投资和有效治理的作用也缺乏定量化的研究，因此通过改变模型的参数研究合作剩余生成的影响。

由于网络组织成员具备明显的差异性和多样性，三个要素的划分也有着明显的理论化特征，因此对于系统变量的赋值很难采取以现实数据为背景的实际赋值方法。而如果对模型中各模块要素的流率变量赋以相对的基准初始值，在无法获得实际定量值的基础上，通过模型的模拟分析却可以获得趋势的真实性和可比性，系统模型能起到预测作用。这种主观的赋值方法称为平衡态赋值法，虽然不具备历史数据的支撑，却可以用来分析合作剩余生成的机理，并对参数前后变化的效果进行对比。可统一设定三个因素所对应的流位变量数值为 10（不含单位）。在实际系统动力学模型中，各个变量之间的衡量单位并不统一，也缺少实际数据的赋值和分析，因此在实际模型计算和模拟过程中对所有变量均实行无量纲化处理。

对于合作剩余模型构建来说，模型的有效性和合理性是系统动力学的两个重要问题，它是模型和行为一致性的保障。合理性主要是指模型结构与动态系统实践的匹配程度，而有效性则是模型参数与现实动态系统参数的拟合程度。针对系统动力学的有效性并确保上面要素的理论分析能够解释网络组织合作剩余的生成问题，主要的有效性检验方法有：理论检验、历史检验和敏感性检验。但由于受到实际的限制（原毅军等，2013；范建红等，2016；刘颖等，2014；董媛媛和王宏起，2014），本书只做理论检验。表4-3选取了未来22个时点下的三个模块的状态变量以及合作剩余的生成总量作为代表性数据进行比较分析，并能够判定要素的发展变化与合作剩余生成演进的理论预期是否一致。

表4-3　　　　　　　　　不同时期水平变量的数据对比

时间（月）	合作剩余生成	互补资源和能力（CRC）	关系资产投资（RSA）	治理机制（EG）
0	10.0714	10	10	10
1	10.3556	10.2344	10.181	10.3508
5	11.4804	11.1681	10.8976	11.714
10	12.8511	12.315	11.7708	13.328
15	14.1795	13.437	12.6098	14.842
20	15.4628	14.534	13.4064	16.256
25	16.6985	15.606	14.1547	17.57
30	17.8842	16.653	14.8504	18.784
35	19.018	17.675	15.491	19.898
40	20.0981	18.672	16.0755	20.912
45	21.1233	19.644	16.604	21.826
50	22.0926	20.591	17.0781	22.64
55	23.0052	21.513	17.4999	23.354
60	23.8606	22.41	17.8724	23.968
65	24.6584	23.282	18.1989	24.482
70	25.3984	24.129	18.4831	24.896
75	26.0805	24.951	18.7288	25.21
80	26.7045	25.748	18.9398	25.424

续表

时间（月）	合作剩余生成	互补资源和能力（CRC）	关系资产投资（RSA）	治理机制（EG）
85	27.2701	26.52	19.12	25.538
90	27.7772	27.267	19.2728	25.552
95	28.2253	27.989	19.4018	25.466
100	28.6138	28.686	19.5099	25.28

对表 4-3 所包含的数据进行对比可以看出，网络组织系统所具有的三个模块要素的影响因素和变动趋势呈现出不同的特点。在系统考察的网络组织构建和运行的 100 个月中，如图 4-10 所示，互补资源和能力投入要素模块基本保持增长，其变动幅度和增长趋势较为平稳，这是由该模块包含的要素所决定的，互补资源和能力的投入由契约所决定并具有一定的先天性，这些因素随着时间的推移仅仅具有小幅度的增加，这也符合企业作为独立个体参与网络组织的特点，体现了个体理性；关系要素模块的增长趋势最为明显，增长和变动的幅度也最大，后期增长比较缓慢，这是因为企业之间的信任度越来越高、合作意愿越来越强、治理机制也越来越完善，都将促使关系资产投资增加，最终由于受到战略目标和企业文化、核心竞争力保护等影响，关系资产投资模块的增速放慢，但总体上还是呈现增长的趋势；治理机制在合作初期（40 个月）形成一定程度的增长之后，随即出现拐点并形成明显的下降趋势，合作剩余生成与治理机制模块存在较大程度的同步性和相似性，合作初期受到合作目标及其互补资源和能力的获取的动机影响，治理机制比较有效，但随着合作剩余的产生、投机行为逐渐出现，合作剩余生成与分配的矛盾也显露出来，一定程度上造成了治理机制有效性的减弱，也说明了有效治理机制是保障合作剩余生成全过程的重要因素。

通过以上的有效性检验，可以确定三个模块能够有效地反映合作剩余的生成过程，并且匹配能力较好、现实解释能力较强，说明构造的系统动力学模型是有效的，也为下一步的动态仿真奠定了基础。

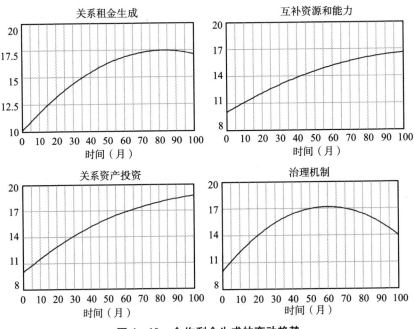

图 4 - 10　合作剩余生成的变动趋势

94

4.3　合作剩余生成的仿真研究与机理分析

在系统流图模型通过有效性检验基础上，通过设定各因素的模型表示、初始状态对合作剩余的生成机理进行系统动力学仿真。采用美国 Ventana Sysems，Inc. 开发的 Vensim PLE 仿真程序进行计算。设定 INITIAL TIME = 0，FINAL TIME = 100，TIME STEP = 1，SAVEPER = TIME STEP，Units for Time = Month。

利用表 4 - 3 中所展示的系统状态作为系统模拟的创始状态，通过单因素调整和多因素组合变动分别得到图 4 - 11 ~ 图 4 - 15 的趋势变动图，对合作剩余生成进行敏感性分析。

将信任度提高一倍分析对各因素的影响。网络组织的关系资产投资有所增加，这是由于信任一方面可以促进参与主体之间的知识共享，增强各方的合作意愿。合作剩余也有一定程度的提高，这是由于信任度的提高使得参与主体之间的知识共享增强，良好的互动也能促使合作剩余显著提升，进而提高了企业参与的公平感和满意度。而互补资源和能力投入前期改变不大，主要在于该模块所包含的变量因素都具有一定的先天性，不会因为企业之间短时间的信任度提升而有所改变，而后期的信任度增加导致互补资源和能力投入的显著增加。在上述三个要素模块的综合影响下，合作剩余生成也有所提升，曲线的峰值有所增长但整体的变动趋势并未改变，如图 4 - 11 所示。

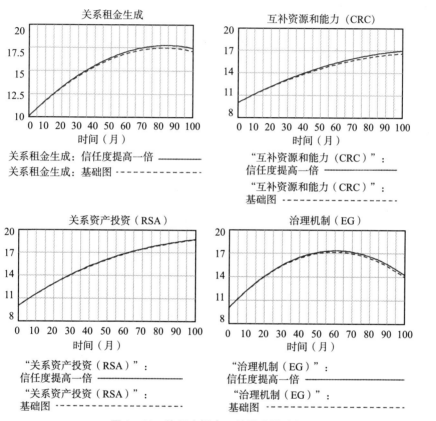

图 4 - 11　信任度提高下的敏感性分析

将投机行为提高一倍。通过对比可以看出，三个因素均有一定程度的降低，但各曲线的变动依然保持着原有的趋势。根据因果关系图和系统流图，投机行为对于网络组织的影响效果直接作用于各个要素模块的流位变量，而且较为显著。在三个要素模块的综合作用下，由于投机行为的提高其曲线峰值下降但整体的变动趋势依然没有变化，如图 4 - 12 所示。

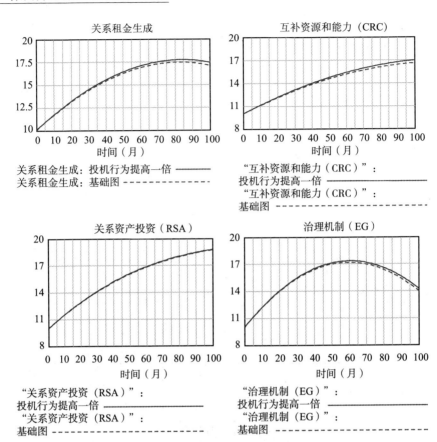

图 4－12　投机行为提高下的敏感性分析

将网络能力提高一倍。网络能力是通过有效治理来实现合作剩余生成的，包括资源获取能力、知识创造能力、协调能力、沟通能力、监督成本等。通过仿真可以看出，网络能力对合作剩余生成具有较高的灵敏性，合理利用三个因素能够提升合作剩余生成的效率，如图 4－13 所示。

将合作剩余分配合理度提高一倍。合作剩余分配的和理性是有效治理机制的核心部分，将影响合作剩余的生成，从而影响互补资源和能力的投入，影响合作关系和信任度，如图 4－14 所示。

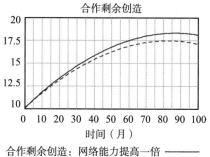

合作剩余创造：网络能力提高一倍 ————
合作剩余创造：基础图 - - - - - - - - - -

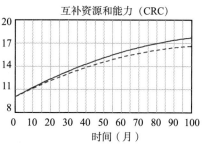

"互补资源和能力（CRC）"：
网络能力提高一倍 ————
"互补资源和能力（CRC）"：
基础图 - - - - - - - - - - - -

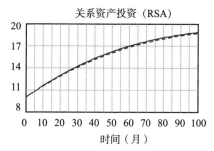

"关系资产投资（RSA）"：
网络能力提高一倍 ————
"关系资产投资（RSA）"：
基础图 - - - - - - - - - - - -

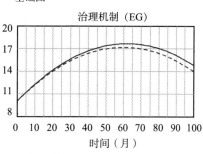

"治理机制（EG）"：
网络能力提高一倍 ————
"治理机制（EG）"：
基础图 - - - - - - - - - - - -

图 4 - 13 网络能力提高下的敏感性分析

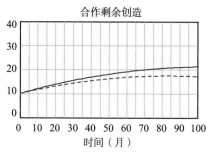

合作剩余创造：分配合理度提高一倍 ————
合作剩余创造：基础图 - - - - - - - - - -

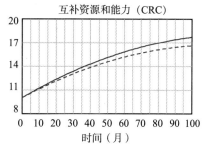

"互补资源和能力（CRC）"：
分配合理度提高一倍 ————
"互补资源和能力（CRC）"：
基础图 - - - - - - - - - - - -

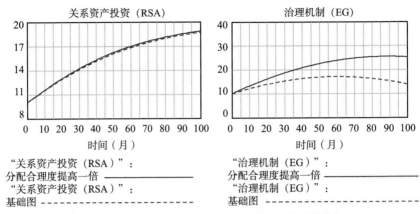

图 4 – 14　合作剩余分配合理度提高下的敏感性分析

　　将合作剩余生成系统的网络能力、利益分配合理度和信任度分别提高一倍，趋势变化如图 4 – 15 可以看出，不同因素对合作剩余生成的影响大小不同。

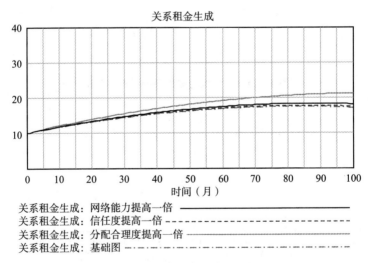

图 4 – 15　多因素提高下的敏感性分析

　　基于以上仿真分析可知合作剩余的生成机理为：互补资源和能力——互补并且是稀缺的资源组合，从而能够创造或提供独特的产品、服务或技术等，从命题 4.1 和命题 4.2 的结论来看，资源的不同互补程度影响了合作剩余的产出，并且对于互补程度高而相互关联性大的资源，还需要关系资产投资和知识共享才能产生合作剩余（Dyer et al.，1998），而对于互补程度高而相互关联性小的资源可以直接产生合作剩余，不需要对关系资产和知识共享路径进一步地投资；关系资产投资——提高关系资产的投资，从而促进网络组织成员知识的共享、信息的沟通和交流，从而促进合作剩余的产出，而单纯的关系资产投资并不能直接产生合作剩余，也就是关系资产投资起到重要的链接作用；有效治理——由于更加有效的治理机制，交易成本低于竞争对手，充分发挥治理的作用而非第三方治理的执法功能，从而有效地保障网络组织合作剩余产生的全过程，本质上有效治理也不能产生合作剩余，但确是合作剩余产生的必备环节，影响着合作剩余产生的效率和大小。结合前面分析可知，首先通过资源和能力的投入，其次提高关系资产投资，最后保障网络组织的有效治理并贯穿网络组织的全过程（Dyer et al.，2018），如图4-16所示。通过以上路径产生合作剩余，并且通过系统动力学方法进行了因果关系分析和建模仿真，进一步验证了合作剩余产生机理的科学性。

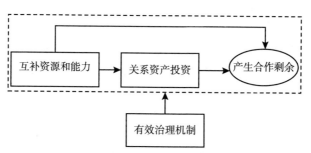

图4-16 合作剩余生成的基本图示

4.4 促进合作剩余生成的网络组织稳定性措施

通过识别和描述不同的合作剩余生成过程，并通过开发系统动力学模型来解释它们之间的相互关系，扩展了对合作剩余生成动力学的理解，也对网络组织的稳定性措施提供了借鉴意义。

（1）合作剩余生成是一个由互补资源的投入、知识共享和关系资产投资、有效治理等多个维度构成的复杂动态系统，驱动力量之间相互影响，同时影响因素呈现出乘数效应。其中，资源的互补性是影响合作剩余生成，以及网络组织稳定性的最显著的动力模块；知识共享和关系资产投资对合作剩余生成具有催化和叠加效应；有效治理对合作剩余的生成全流程具有保障效应。

（2）针对合作剩余生成系统而言，规模的对称性、资源转移阈值等外部变量对合作剩余生成的影响较弱，而信任度、投机行为、利益分配合理度、知识共享等内部变量会导致较大波动。因此，为保障合作剩余的生成，既要注重各模块内部单一变量因素的作用，也要注重整个合作剩余生成系统的多个模块与要素间的组合。

（3）网络组织充分挖掘可以利用的资源，以及信息共享和知识共享的速度和数量，促进合作剩余的生成，确保网络组织稳定性目标的实现。

（4）网络组织成员充分了解合作剩余生成的各个阶段，以此调整管理方法，增强做出最佳决策的速度，以促进合作剩余的生成，从而能获取到更多的合作剩余。另外合作剩余的生成和合作剩余的分配实质上体现了个体理性与集体理性的冲突，因而网络组织及其成员需要更加重视两类理性之间的平衡。

提供合作剩余生成建议的同时，也还存在如下问题：所建立的模型也有一定的局限性，在单因素分析中，假设其他因素不发生改变，因而需要继续探索更具有动态性的合作剩余生成过程。生成的合作剩余不能用金钱来量化，因而也需要进一步考虑合作剩余的社会价值、环境价值等方面。更重要的是生成合作剩余的详细数据难以测算，因而无法用实证方法进行验证，只能用系统动力学进行仿真以检验模型的有效性，当然也需要进一步研究。

4.5 本章小结

通过识别和描述不同的合作剩余生成过程，并开发系统动力学模型来解释它们之间的相互关系，扩展了对合作剩余生成动力学的理解。也可以进一步考虑合作剩余的社会维度和无形价值可交付物对模型的扩展。利益创造和利益获取问题加上合作竞争视角是解释网络组织合作现象的最具有决定性的理论组成，网络组织需要进一步检验利益创造和利益获取的相互作用。现有研究侧重于定性分析，比如概念图，实践中利益创造和获取之间的相互作用比较复杂，因而一方面可采取企业层面的调查，另一方面可采用合作竞争博弈的分析工具，比如双体博弈论模型。

第 5 章　合作剩余的分配策略

合作剩余的分配策略设计是保障网络组织稳定性的重要手段，也是网络组织治理的关键。本章依据第 4 章关于合作剩余生成的机理分析，首先设计基于资源投入—合作关系—合作产出框架的合作剩余初次分配模型，在此基础上设计考虑稳定性的再次分配模型，以此保障网络组织的稳定性，最后以案例验证。对于合作剩余的生成存在两种情况：一方面，未产生预期的合作剩余，因而也不需要进行分配，在第 4 章中已经进行了相关研究，为了产生预期的合作剩余需要对影响合作剩余生成的正向路径进行干涉；另一方面，产生了预期的合作剩余，而没有进行合理的分配，也就是本章要研究的内容，即在合作剩余一定的情况下，按照不同的治理目标，制定规则，提出分配方法，不同的分配目标、规则对应成员的收益不同。

5.1　合作剩余分配的总体设计

合作剩余的分配方法设计需要解决两个问题：一是构建什么样的逻辑体系对合作剩余的生成过程进行分析，从而深入挖掘影响合作剩余生成的因素；二是对影响贡献的因素进行测量，在此基础上提出针对性的合作剩余分配方法。

5.1.1　影响合作剩余分配的因素

由第 4 章中合作剩余生成的影响因素可以确定与网络组织成员贡献的匹配关系，从而测量每个阶段的网络组织成员贡献，在此基础上再选用合适的分配方法进行合作剩余的分配。IDEF 是通过建模程序来获取某个特定类型信息的方法，IDEF0（IDEF – zero）是 IDEF 的功能建模，用于分析企业内部的各项功能的流程，通过图像模型说明这些功能是由什么掌控的，谁在执行这些功能，通过那些资源来实行这些功能，这些功能流程的效果是什么，以及它与其他功能之间的关系（Kaplinsky & Morris，2000），因此 IDEF0 的功能建模把要完成任务及其目标、功能和流程进行了清楚的图形化呈现（Vinodrai Pandya et al.，1997）。网络组织可以看作是一个由输入、活动、机制、控制和输出组成的系统，因而合作剩余的生成可以看做 IDEF0 的过程，从而可以利用 IDEF0 功能模型对网络组织的合作剩余生成过程进行分析，以上分析的合作剩余生成与网络组织成员贡献的结构化表示如图 5 - 1 所示。

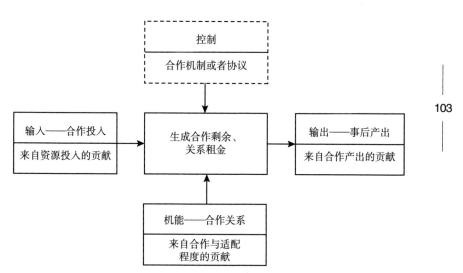

图 5 - 1　合作剩余生成与网络组织成员贡献的结构化表示

从战略角度来看，利用 IDEF0 模型可以研究网络组织运行过程，从而得到每个过程阶段网络组织成员的贡献如何影响合作剩余的生成；从微观角度来看，可以分析合作剩余的生成影响因素，其中考虑输入是试图确认成员在网络组织中贡献了多少资源，考虑活动过程是区分网络组织生成合作剩余的有效性问题，属于机制的设计，也是合作剩余生成的核心控制环节，考虑合作产出是一种试图确定网络组织成员之间的合作产出贡献程度从而获得合作剩余的过程。

5.1.2 分配方案设计

在合作剩余分配管理时，必须达成对合作剩余度量（如方法、标准、目标度量）的一致性意见，否则就不会出现合作关系的高水平，从而生成的合作剩余也处于低水平，因此针对以上 IDEF0 分析框架提出三类影响合作剩余分配的度量模型（投入、协调和结果）。资源投入的契约分配考虑了投入越多的资源将在合作剩余分配总额中占有更高的比例，即考虑了投入贡献的合作剩余分配逻辑。虽然资源的投入决定了网络组织合作剩余的分配数额，但网络组织成员的贡献程度随着时间的推移而发生变化，主要有两个因素会影响网络组织成员的贡献：一个是在多大程度上网络组织成员学习/获得其他网络组织成员的 VRIO 资源（Hamel & Prahalad，1990），从而改变其他网络组织成员 VRIO 资源的相对价值；另一个是在多大程度上网络组织成员的非对称性关系投资，从而改变网络组织成员的重要性程度，因此提出基于合作关系的合作剩余分配，主要考虑网络组织运行机制的重要作用，也是保障合作目标完成的关键环节；最后考虑了网络组织产出结果中成员的重要作用。

（1）运用综合评价方法对成员资源投入的价值、风险程度和市场结构这三种合作剩余生成要素上的贡献进行测量，简称为广义资源投入贡献的分配。

（2）基于复杂网络分析的节点重要性评价是测度合作关系质量的重要依据，考虑合作目标的一致性、沟通、承诺、信任属于适配程度指标度量，简称为协调分配。

（3）考虑产出结果中网络组织成员的贡献，基于 Raiffa 值的修正方法，求解网络组织成员的分配值，从而实现合作剩余的分配，简称为合作产出的分配。

以上分配方法由内部的值测量和外部的值测量所组成，还未体现合作剩余分配的整体性要求，也没考虑到不同影响因素在统一分配方法中的重要性程度，因此考虑将输入—运行—输出分配阶段进行集成和修正，也就是本书所提的合作剩余初次分配模型。

（4）定义预期收益结构的判断指标，以此表征网络组织稳定性强弱，在此基础上提出考虑稳定性的合作剩余再次分配模型。

以上分析如表 5 - 1 所示。

表 5 - 1 合作剩余分配实现的逻辑构建

分配模型	运行阶段与分配阶段	主要影响因素	主要计算方法
合作剩余初次分配	输入阶段——资源投入	资源、风险和市场结构	综合评价方法
	运行阶段——合作关系	合作程度和适配程度	社会网络分析方法和综合评价方法
	输出阶段——合作产出	合作产出的贡献	博弈论的一类分配方法
	集成阶段——集成与修正	全生命周期影响因素	集成化的分配方法
合作剩余再次分配模型	优化阶段	预期收益结构	因子调整

5.1.3 分配方法的设计要求

（1）考虑资源投入的互补性和与实现目标的匹配性。一方面考虑成员的贡献与网络组织目标实现的匹配程度，主要考虑成员自身的贡献有助于总目标的实现（考虑局部性）；另一方面要考虑网络组织成员与其他成员的关联性，即与其他成员的协作情况，特别是资源的互补程度（考虑全局性）。

（2）考虑事前影响因素和事后影响因素测量的结合。事前影响因素主要考虑网络组织成员的资源投入，事后影响因素考虑成员间的关系和对网络组织总体目标实现的匹配程度，具体反映在网络组织成员贡献的测量上，就是对网络资源投入存量的考察和对利益增量中资源发挥作用的测量。尽管此种分类方式不可能包含通用的测量指标体系，但根据网络组织合作中影响目标达成的特点，找出影响网络组织成员贡献的关键性因素，并以此作为测量成员贡献的参考依据。

（3）考虑基于关键指标的估算。网络组织成员的贡献程度存在度量困难或者度量成本过高的问题，导致了此类方式很难实施，比如网络组织成员的声誉、信誉、进一步发展潜力等都很难进行测量，另外需要测量的指标非常多，也导致成本过高，但基于一些关键指标的估算可以近似地衡量网络组织成员的贡献。

（4）考虑网络组织成员的战略价值。在考虑网络组织成员的贡献测量时，考虑成员的战略价值也具有重要的意义，它是网络组织战略发展的重要载体。遵从"战略价值"，即按照合作目标所对应的网络组织成员市场价值分配合作剩余，以体现网络组织成员的不可替代性和战略发展目标。由于此目标很难测定，因此采用网络组织成员所在的"市场结构"估计网络组织成员的战略价值。

（5）考虑微观和宏观测量的结合。考虑宏观层次的测量，理论的抽象性使得网络组织成员难以从定量的角度选择测量因素，从而使得测量更加依赖于专家或者盟主的偏好。如果过分依赖微观层次的测量因素，过细的考虑和过多的现象，则难以获得信息和相关数据并且使得测量结果难以具有普遍性，因而要形成一套科学有效的测量网络组织成员贡献的模型和方法体系，应该在现有微观和宏观、理论和实践的基础上，结合现有的测量方法，提出一整套的测量方法逻辑。

（6）考虑绝对动态指标与相对静态指标的结合。网络组织成员贡献的测量是一个资源投入和合作关系形成而进行合作剩余生成的过程。首先通过契约的制定，盟主会对网络组织成员投入的资源贡献做出判断，然后再根据判断的信息修正对网络组织成员资源投入的先验判断，在网络组织合作结束时，盟主会最终解决合作剩余的分配问题，在这一过程中体现了相对静态投入和绝对动态的判断过程。

5.2 合作剩余的初次分配模型

5.2.1 基于资源投入的分配模型

资源的不匹配将会导致资源的浪费和剩余。根据资源的互补性、相似性和资源的实用性，资源组合一般有四种形式：资源扩充型、资源补充型、资源剩余型和资源浪费型（樊利钧，2011），如表 5-2 所示。每种形式具有不同的特征和对网络组织绩效的影响，由于合作来源于互补资源和能力的获取，因而重点研究资源互补型，并在此基础上进一步划分资源类型。

表 5 – 2　　　　　　　　　资源类型及其绩效关系

资源类型	资源总量	类型区别	与绩效的关系
资源扩充型	扩大资源总量	资源类型相似	正效用
资源补充型	不同类型的资源	互补性较强	正效用
资源剩余型	资源闲置	资源类型相似	负效用
资源浪费型	资源类型不同	资源匹配和协调不良	负效用

　　网络组织的目标决定了资源的投入类型，因此首先对网络组织成员投入的资源类型进行研究，以此确定网络组织的类型。将资源补充型也就是互补资源划分为两大类：一类是生产要素资源，另一类是创新资源，如表 5 – 3 所示。生产要素资源主要包括各种财力与物力等，其一般是有价值的、相对短缺的、可交易的生产要素，并能够以不同的静止形态存在，它可以是有形的、无形的或依附于有形的实体以数据、规则等形式存在，也可以按照某种具体的标准对其进行交易，此类资源匹配于以生产型为目标的网络组织。创新资源主要包括经验、判断能力、知识、经营管理方式以及知识产权等，以生产要素资源为基础而发挥作用的。创新资源是网络组织资源中一种非常重要的资源，它对网络组织的运行以及收益的最大化起到了关键的作用，此类资源匹配于以创新型为目标的网络组织。

表 5 – 3　　　　互补资源的投入类型与网络组织类型的匹配

资源投入的主要类型	主要内涵	网络组织类型
生产要素资源	主要包括各种财力与物力等，它可以是有形的、无形的，也可以按照某种具体的标准对其进行交易	生产型网络组织
创新资源	主要包括经验、判断能力、知识、经营管理方式以及知识产权等	创新型网络组织

　　创新型网络组织的目标在于组合和丰富现有的竞争能力，通过合作获取自身尚未拥有的并由对方所有的具有高度互补性的竞争能力的过程。此类网络组织会有更多的信息交流、沟通等跨边界活动，网络组织不仅帮助成员之间获取隐性知识，而且网络组织成员之间还创造新的交

又知识。因此，此类型的研究不同于生产型网络组织，需要考虑多方面的因素特别是定性因素才能加以确定。本节以生产型网络组织为例进行合作剩余分配的研究，当然相关分配方法也可以为创新型网络组织提供借鉴。

资源投入数量、风险承担程度、所处细分市场结构等因素共同决定了网络组织成员之间的依赖程度（阮平南等，2014）。实质上资源战略价值、知识转移速率等因素也会影响合作剩余的分配，为简化考虑，依据表5-4的三个维度对网络组织成员的贡献进行衡量，影响因素统称为广义资源的投入。

表5-4 广义资源投入的内涵

影响因素	指标内涵
资源投入	网络组织成员投入的各类资源数量
风险承担	网络组织运行面临较高的创新风险、绩效风险、关系风险、嵌入性等风险
市场结构	网络组织成员在所处市场中处于垄断地位，则无法找到其替代企业，因此对其依赖程度较高，从而该企业的贡献较大

1. 资源投入的测量

对于生产性要素资源，投入的每项资源对网络组织成员自身的价值和网络组织的价值各不同，一方面投入的资源价值必须考虑对网络组织目标或者任务的资源成本价值；另一方面资源价值针对不同网络组织成员的重要性也不相同，因此需要考虑全体网络组织成员都认可的资源价值系数，即某项资源在网络组织中作用贡献大小的系数。因此计算资源投入对应的合作剩余分配不仅要考虑成员企业投入资源的成本价值，更为重要的是要考虑其在网络组织中的资源价值系数。

（1）网络组织资源的进一步分类。

拥有更有价值、更稀有、更不可复制资源的网络组织成员可以从这种合作剩余中获得更大份额的直接预期合作剩余（Hamel & Prahalad，1990），但是应用于合作剩余分配时存在一些困难：一方面生成合作剩余的 VRIO 资源所有权难以划分，有些 VRIO 资源没有明确的所有权归属；另一方面生成合作剩余的多种 VRIO 资源所发挥的价值难以清晰划分，即使每项资源的所有权归属都明确，但在生成合作剩余时各项资源

发挥了多大作用也难以分清；另外网络组织成员对生成合作剩余的
VRIO 资源的认知、价值判断识别方面难以达成共识。因此，需要继续
对生产型网络资源继续进行划分利于进一步求解。

生产型网络资源对应的分类有很多种，比如按其形态可分为硬资源
（如自然资源）和软资源（如信息资源），但这种分配不利于网络组织
成员资源投入成本价值的测量和价值系数的确定，因此按照网络组织完
成任务所需互补资源的稀缺性程度高低，将广义资源空间划分为四个维
度（郭长宇，2007），同时可以构造出四维的网络资源分类理论模型：
第一类称为战略资源（R_1）：此类资源需求量大、价值高、对企业目标
的实现起到重大影响，此类网络组织成员少；第二类称为瓶颈资源
（R_2）：资源本身的价值可能不高，在企业发展中的重要性也不高，但
是获取此类资源存在一定的难度；第三类称为重要资源（R_3）：此类资
源供应充足，但价值高，占用的成本非常高，因而资源的投入非常大；
第四类称为一般性资源（R_4）：本身价值不高，也容易获得，但种类相
对繁多，具体分析如图 5-2 所示。

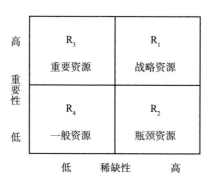

图 5-2　生产型网络资源的分类模型

（2）关于投入资源成本价值的测量。

在以上分类基础上，每个网络组织成员最多投入四项资源，其中
p_{ij} 表示网络组织成员 i 所投入的第 j 类资源的成本价值，其中 $p_{ij} \geq 0$，
i = {1, 2, …, n}，j = {1, 2, 3, 4}。当 $p_{ij} = 0$ 时表示网络组织成员 i
未投入 j 项资源。p_{ij} 的确定可参照同类市场的参照价格，一般可以取得
网络组织成员之间意见的一致，并且能相对公平和公开地体现资源投入
的成本价值。但由于资源间性质、量纲不同，对资源的成本价值的测算

有些时候也很难进行测算，但是不同网络组织成员投入的相对量可以进行比较，因而可以考虑计算资源的相对成本价值，从而得到 $p = [p_{ij}]_{n \times 4}$。

（3）关于投入资源价值系数的测量。

对于生产型的资源价值系数主要基于资源稀缺性考虑重要性程度。由以上分析可知：投入第一类资源的网络组织成员处于较高的重要性，投入第二类、第三类资源的企业处于中等的重要性，投入第四类资源的企业处于较低的重要性。在实际应用时为避免决策者的个人偏好影响决策结果，价值系数的计算可采用客观赋权方法进行，熵权法是一种利用已经获得的客观信息或者历史资料，进行求解价值系数的方法，可求得：$k = [k_1, k_2, k_3, k_4]^T$，$k_j$ 为第 j 类资源的价值系数。

（4）资源投入的总体价值计算。

由以上分析可得：$v_{ij} = p_{ij}k_j$ 表示网络组织成员 i 投入的第 j 类资源的资源价值，$v_i = \sum_{j=1}^{m} v_{ij} = \sum_{j=1}^{m} p_{ij}k_j$ 表示网络组织成员 i 投入的所有资源价值，从而

$$r_i = \frac{v_i}{\sum_{i=1}^{n} v_i} = \frac{\sum_{j=1}^{m} p_{ij}k_j}{\sum_{i=1}^{n} \sum_{j=1}^{m} p_{ij}k_j} \qquad (5-1)$$

其中，r_i 为成员 i 所投入的资源价值占投入的资源价值总和的比值，即可以表示基于资源投入因素的贡献率，按照贡献率大小分配合作剩余。

2. 风险承担的测量

网络组织成员核心能力不同，在网络组织中所承担的责任也不同，因而其承担的风险也不同。在分配合作剩余时，需要考虑网络组织成员承担风险的差异性，这也符合合作剩余分配的"风险补偿"原则，所以对网络组织中承担风险大的成员需要在合作剩余分配中给予适当补偿。

网络组织成员在计算所承担的风险时考虑的因素不同，即使考虑因素相同但是每种因素对不同网络组织成员的影响也不同，承担的风险要取得网络组织成员的一致性意见也较为困难。因此为了兼顾网络组织成员的实际情况，并保障网络组织成员的参与性，从而确定一个科学方法

使得网络组织成员对其承担风险权重达成一致意见，一般认为网络组织成员提供的风险权重决策结果偏差越小的方案越好，为此提出如下最小二乘法决策模型进行计算：

$$\begin{cases} \min F(h) = \sum_{i=1}^{n} (\mu_i - h_i)^2 \\ \sum_{i=1}^{n} h_i = 1, h_i \geqslant 0, i = 1, 2, \cdots, n \end{cases} \quad (5-2)$$

其中，μ_i 是第 i 个网络组织成员提出的方案，由公式（5-2）可得第 i 个网络组织成员的风险权重向量 h_i。

3. 市场结构的测量

如果网络组织成员在市场中处于垄断地位，则无法找到其替代成员，因此对其依赖程度较高，从而该网络组织成员能分得较高的合作剩余。雷温斯克雷夫（Ravenscraft，1983）通过研究发现，行业的成本利润率与买方的市场集中度呈负相关。赫芬达尔—赫希曼指数（Herfind-ahl – Hirschman index，HHI），是一种测量产业市场集中度较好的综合指标，计算公式为：$HHI_i = 1 - \sum_{j=1}^{m} X_{ij}^2 / (\sum_{j=1}^{m} X_{ij})^2$，$X_{ij}$ 为网络组织成员 i（i = 1，2，$\cdots$，n）所处的市场中 j（j = 1，2，$\cdots$，m）企业的规模，易看出 HHI_i 取值范围为 [0，1]。由于当 m 趋于无穷时，HHI_i 趋近于 1；当 m 取值为 1 即市场趋于垄断时，HHI_i 为 0；当企业规模相等并且企业数量很多时，HHI_i 为 1/m，以上说明 HHI_i 值越小，网络组织成员 j 所处的市场集中度越高，此时网络组织成员 j 越重要，应该分配的合作剩余越高，反之亦然。为便于分析，修正 HHI_i 为 $CHHI_i = \sum_{j=1}^{m} X_{ij}^2 / (\sum_{j=1}^{m} X_{ij})^2$，即说明 $CHHI_i$ 值越大，越应该分配到多的合作剩余。

由以上分析容易看出，每一种影响因素只能单一地作用于合作剩余的分配，因而需要集成三种影响因素，设网络组织成员 i 中资源投入、风险承担、市场结构的比例分别为 r_i、h_i、$CHHI_i$，为便于后面分析统称为资源投入的影响因素，对应的权重向量分别为 ω_r、ω_h、ω_{CHHI}，满足：$\omega_r + \omega_h + \omega_{CHHI} = 1$，则集成后的合作剩余分配比例为：

$$W_i^1 = (\omega_r r_i + \omega_h h_i + \omega_{CHHI} CHHI_i) \quad (5-3)$$

5.2.2 基于合作关系的分配模型

考虑合作关系与合作剩余分配对应的原则。合作关系包含合作程度和适配程度，认为合作关系越好，应该分配到越多的合作剩余（张瑜等，2016；Dyer et al.，2018）。

1. 合作程度的社会网络计算方法

网络组织的存在就意味着具有一定的稳定性，从而具有网络结构。鲜有文献考虑网络结构在合作剩余分配中的重要作用，实质上网络结构是成员之间合作关系的最直观体现，表征了成员在网络组织中的重要度。借鉴复杂网络分析中的网络节点重要性测量方法进行研究，可从网络局部、网络全局和网络节点位置三个方面来分析（Lü et al.，2016；Tulu et al.，2019）。

（1）度中心性（degree centrality）。

$$DC(i) = \frac{\sum_{j=1}^{n} a_{ij}}{n-1}$$

其中，n 表示网络的总节点数，即为网络组织成员总数；i 表示网络节点；a_{ij} 表示 i 与 j 之间直接相连的边数，若直接相连 $a_{ij}=1$，否则 $a_{ij}=0$。DC(i) 描述了网络节点的局部性质，数值越大说明网络组织成员越重要。

（2）介数中心性（betweenness centrality）。

$$BC(i) = \frac{2}{(n-1)(n-2)} \sum_{i \neq s \neq t} \frac{p_{st}(i)}{p_{st}}$$

其中，p_{st} 表示节点 s 到节点 t 的所有最短路径数；$p_{st}(i)$ 表示节点 s 到节点 t 的所有最短路径中经过目标节点 i 的最短路径数，因而 BC(i) 反映了节点 i 的全局重要性，数值越大说明该节点越重要。

（3）接近度中心性（closeness centrality）。

$$CC(i) = \frac{(n-1)}{\sum_{i \neq j} d_{ij}}$$

其中，d_{ij} 表示网络节点 i 到网络节点 j 的距离。CC(i) 表示网络节点在网络中的位置，数值越大，说明节点的位置越重要。节点距离是指两节点之间最短路径上的边数。如果节点 v_i 和 v_j 之间不存在路径，则边数为无穷大，此时距离 $d_{ij} \to \infty$。

构造测量矩阵，并进行规范化处理。待测量的 n 个网络组织成员，选取测量指标为 DC，BC，CC，$c_{ij}(i=1,2,\cdots,n; j=1,2,3)$ 表示节点 i 在指标 j 下的测量值，测量矩阵可表示为：$C = [c_{ij}]_{n \times 3}$。

由于各测量指标的量纲不一致，为了便于进行比较，因而进行规范化处理。由于都是正向的指标，因而可以选用公式（5-4）进行规范化处理。

$$\overline{c_{ij}} = \frac{c_{ij} - c_j^{min}}{c_j^{max} - c_j^{min}} \tag{5-4}$$

其中，$c_j^{min} = \min\{c_{i1}, c_{i2}, c_{i3}\}$，$c_j^{max} = \max\{c_{i1}, c_{i2}, c_{i3}\}$，规范后的矩阵表示为：$\overline{C} = [\overline{c_{ij}}]_{n \times 3}$。

计算各指标的权重。权重可采用 AHP 方法进行确定，设定为 ω_j，j=1，2，3 分别对应 ω_{DC}、ω_{BC}、ω_{CC}，且满足 $\omega_{DC} + \omega_{BC} + \omega_{CC} = 1$。

计算综合评价值，并进行归一化处理得到：$\overline{c_i} = \dfrac{\sum\limits_{j=1}^{3} c_{ij}\omega_j}{\sum\limits_{i=1}^{n}\sum\limits_{j=1}^{3} c_{ij}\omega_j}$。

2. 合作程度的复杂网络计算方法

因为一定目标和创新需要而结成的网络组织，在特定环境下经过一定时间的稳定可持续性发展将具有相对稳定的网络结构。网络组织结构在一定程度上反映了网络组织成员之间的合作关系、关系强度和成员在合作中的重要性程度。在网络组织生成的合作剩余分配中，重要性程度越高的网络组织成员应分得越多的利益，因此采取有效方法评价节点的重要性程度并以此作为网络组织成员之间合作程度的度量。

（1）指标内涵及其评析。

网络节点度值是指在网络组织结构中，与该网络组织成员直接相连的节点数目。有研究认为节点的度值能直接反映节点对其相邻节点的影响力，节点度值越大，节点对其相邻节点的重要度贡献越大（张喜平等，2014；韩忠明等，2014）。用节点度值测量节点的重要性相对粗糙，主要因为节点的重要性不但与网络中的位置相关，还与相邻节点有关（赵毅寰等，2009），比如桥连接网络节点具有较小的节点度值，但其在网络中的受依赖程度却较明显，可以看出网络节点对它的重要度贡献较大；相应地，其重要度较高。故可将节点的度值作为网络节点重要度评价的一个局部指标。当然，为了更合理地判断节点在整个网络中的重要性，也需要进行全局重要度的测量。

网络平均度值是指无自环无向网络中所有节点度值的平均值。在一定程度上，全部网络节点的重要度全局表征了网络组织合作的紧密程度。

节点距离是指网络两节点之间最短路径上的边数。如果节点 v_i 和 v_j 之间不存在路径，则边数为无穷大，距离 $d_{ij} \to \infty$。网络组织中任意两个节点之间距离的最大值为网络的直径 R，范文礼和刘志刚（2013）认为节点距离上的路径是最有效路径，网络直径是指网络组织结构中所有节点对距离的平均值（赵毅寰等，2009）。网络直径一方面反映了网络组织的性能，直径越大表示合作关系的平均连接长度越长，单项合作所占用的网络组织资源越多、效率越低，在网络规模一定时，网络组织中所能够提供的合作服务就越少；另一方面，在网络规模一定时，网络直径越大，表示网络合作越不密切、越不频繁或效率低下，网络组织越有可能解散。

网络效率是指网络组织中所有节点之间距离倒数之和的平均值。它用来表示网络关系的紧密程度，进而表征网络组织资源流通的平均难易程度。网络效率越高，网络组织成员交流合作越容易。其计算公式如下：

$$I = \frac{1}{n(n-1)} \sum_{i \neq j} \frac{1}{d_{ij}} \tag{5-5}$$

其中，n 表示网络节点数目，d_{ij} 表示节点 i 和 j 之间的距离。

网络节点效率是指节点与网络组织中其他节点之间距离倒数之和的平均值，即 $I_k = \frac{1}{n-1} \sum_{i=1, i \neq k}^{n} \frac{1}{d_{ki}}$；而在文献（周漩等，2012）中，公式 $I_k = \frac{1}{n} \sum_{i=1, i \neq k}^{n} \frac{1}{d_{ki}}$ 显然不符合均值中基本个数的要求。

网络节点贡献系数矩阵为：$E = (e_{ij})_{n \times n} (i, j = 1, 2, \cdots, n)$，矩阵中的元素 e_{ij} 是指节点 i 和 j 之间距离的倒数。

其中，

$$e_{ij} \triangleq \frac{1}{d_{ij}} = \begin{cases} 1 & \text{当节点 } v_i \text{ 和 } v_j \text{ 直接相连或者 } i = j \text{, 此时 } d_{ij} = 1 \\ \in (0, 1) & \text{其他} \\ 0 & \text{当节点 } v_i \text{ 和 } v_j \text{ 不存在路径，此时 } d_{ij} \to \infty \end{cases}$$

从定义可以看出，网络节点的贡献系数是该节点与网络中其他节点合作难易程度的表示，体现了该节点对网络资源所做的贡献。所以，网络节点贡献系数越大，表明该节点在网络合作过程中所处的位置越重要，同时表明该节点与其他节点的合作关系越强、所获得并可以分享的网络资源越容易，因而其重要性程度越高；反之亦然。若没有此节点，导致网络合作性能下降的可能性就越大。可见分配系数在一定程度上也反映了节点的重要性，可以作为成员重要度的权重系数，也是网络节点间相互贡献测量的最直接、最有效的方式。

（2）方法思路与步骤。

由以上分析可知，网络组织中节点的重要性程度不仅取决于与其直接合作的网络节点，还需要综合考虑节点自身在网络合作中所起的作用和相邻节点对其重要性程度贡献两方面的因素。考虑用网络组织的贡献系数来表征成员在网络合作中资源、信息、技术流通中的平均难易程度，并且所提方法需要综合考虑网络节点的度值、邻接节点的相互作用，而且考虑非邻接节点通过节点距离表征的节点效率对评估节点的相互作用程度。

本节提出加权节点重要度评价算法，该方法综合考虑了网络节点的度值和网络节点的贡献系数：一方面，节点的度值表示了成员在网络组织结构中的局部重要性，也是最直观的表现；另一方面，网络节点的贡献系数与节点度值的乘积体现了节点的全局重要性，并用代数和几何加权方法综合两类重要性得到网络节点的重要度测量，作为网络组织成员的重要度，且能按照决策者偏好灵活进行调整。

计算 n 个网络节点的度值并记为：$k_i(i = 1, 2, \cdots, n)$。在复杂网络中，为避免因数值类型不同或数值过大而对计算结果可能引起的影响，需要进行归一化处理，方法如下：

$$\overline{k_i} = \frac{k_i}{\sqrt{k_1^2 + k_2^2 + \cdots + k_n^2}} \qquad (5-6)$$

计算 n 个网络节点的贡献分配系数。首先计算所有节点对之间的最短距离，即求解两节点之间最短路径上的边数。如果节点之间不存在路径，则边数为无穷大。然后计算贡献分配系数 $e_{ij}(i, j = 1, 2, \cdots, n)$。它的形式与文献（周漩等，2012；范文礼和刘志刚，2013）及文献（赵毅寰等，2019）有所不同，一方面避免了映射公式

$$\begin{cases} \delta_{ij} \to \delta_{ij} D_j / <k>^2 & i \neq j \\ \delta_{ij} \to 1 & i = j \end{cases}$$ 中节点重要度的平均贡献分配 $D_j / <k>^2$，另一

方面，e_{ij} 取值更具有完整性并且具有实际意义，可以作为节点重要度的权重向量。

计算 n 个网络节点在网络组织中的相对重要程度。方法如下：

$$h_i = \sum_{j=1, j \neq i}^{n} e_{ij} \overline{k_j} \qquad (5-7)$$

其中，$e_{ij} \overline{k_j}$ 表示节点 v_j 对节点 v_i 的重要度贡献，即 v_j 对节点 v_i 的重要度贡献程度不仅和节点间的贡献分配系数大小有关，而且和节点的 v_j 度值 $\overline{k_j}$ 大小有关。如果 e_{ij} 和 $\overline{k_j}$ 越大，则节点 v_j 对 v_i 的重要度贡献越大。

确定网络节点的重要度。既要考虑网络节点对待评估节点的重要度贡献（全局重要性），又要结合待评估节点的局部重要性即度值，同时考虑加权的比例系数。此时节点的重要度综合考虑了节点的合作关系、合作紧密度、节点位置，与文中分析的判断节点重要性需要考虑的因素是一致的。因而网络节点的重要度可定义为：

$$c_i = \alpha \overline{k_i} + \beta \sum_{j=1, j \neq i}^{n} e_{ij} \overline{k_j} \text{ 或 } C_i = \overline{k_i}^{\alpha} \times (\sum_{j=1, j \neq i}^{n} e_{ij} \overline{k_j})^{\beta} \qquad (5-8)$$

一般情况下，因节点对与其相邻节点的贡献度较大（王兵，2014），故取 $\alpha > 0.5 > \beta > 0$。

对公式（5-8）进行归一化处理得到 $\overline{c_i} = \dfrac{c_i}{\sum\limits_{i=1}^{n} c_i}$，此时可以按照比

例对网络组织生成的合作剩余进行分配。

（3）方法的进一步讨论。

当 $\alpha = \beta = 1$ 时，式（5-8）即为周漩等（2012）中的计算公式，此时考虑了节点的度值作为局部最优性度量。

当公式（5-8）中的全局和局部重要性测量考虑网络节点的效率时，由于本书的贡献分配系数 e_{ij} 可以表示如范文礼和刘志刚（2013）中公式 $c_i = I_i \times \sum_{j=1, j \neq i}^{n} \delta_{ij} D_j I_j / <K>^2$ 的 $\delta_{ij} D_j$，因而公式（5-8）更具有实际意义。

令 $\rho = \dfrac{\alpha}{\beta}$ 且 $\alpha + \beta = 1$，ρ 表示局部重要度和全局重要度的比例系数。

当 α = 0 时，只考虑全局重要度计算算法；当 β = 0 时，只考虑局部重要度的测算。在实际中，可以按照决策者的偏好灵活选择比例系数。

（4）算例分析。

因某种目标而形成的网络组织共有 8 个成员，选用周漩等（2012）中的网络组织结构求解网络组织成员的重要度。

利用已有算法和本书算法求解的节点重要度结果如表 5 - 5 所示，可以看出，运用本书所提的成员重要度评价方法能够很好地区分各节点的重要度，有效避免了已有方法的一些不足，避免了介数法和节点删除法出现数值为 0 而导致合作剩余无法分配的情况，并能按照决策者偏好进行参数的灵活调整。得出网络组织成员的重要度为：（0.121，0.127，0.261，0.177，0.149，0.094，0.053，0.019）。

表 5 - 5　　　　　　　采用不同算法得出的节点重要度

节点	节点度值	介数法	节点删除法	节点收缩法	重要度矩阵	效率矩阵	本书算法（当 α = β = 0.5 时，代数相加的公式）
1	1	0	0	0.188	0.157	0.089	0.121
2	1	0	0	0.188	0.157	0.098	0.127
3	3	0.393	1	0.594	0.254	0.415	0.261
4	2	0.429	1	0.473	0.461	0.191	0.177
5	3	0.429	1	0.544	0.535	0.135	0.149
6	3	0.214	1	0.544	0.417	0.053	0.094
7	2	0	0.667	0.351	0.404	0.017	0.053
8	1	0	0	0.205	0.152	0.002	0.019

美国的 ARPA（Advanced Resarch Project Agency）网络拓扑图是分析网络节点重要性时普遍采用的图示，因而分析各类方法的特征具有重要意义，由 21 个节点和 23 条连线组成，如图 5 - 3 所示。经本书方法计算得到如表 5 - 6 所示的节点重要度。

117

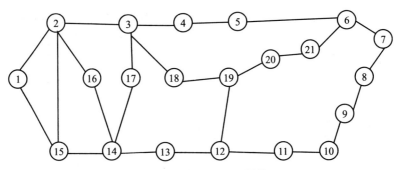

图 5 − 3　美国 ARPA 网络

表 5 − 6　　　　　基于美国 ARPA 网络图的几类算法结果

节点	移除节点算法	赵毅寰等（2009）	周漩等（2012）	范文礼和刘志刚（2013）	选用代数算法（当 α = 0.6 时）
1	0.6262	0.0355	0.1528	0.0375	0.7324
2	0.9721	0.1770	0.2987	0.0858	0.9269
3	0.9930	0.4526	0.2984	0.0914	1.0170
4	0.8387	0.2948	0.1562	0.0398	0.8263
5	0.8387	0.2776	0.1090	0.0357	0.7601
6	0.9836	0.3294	0.1261	0.0522	0.8002
7	0.8797	0.1899	0.0935	0.0317	0.6940
8	0.8797	0.1458	0.0634	0.0287	0.6392
9	0.8797	0.1399	0.0624	0.0285	0.6339
10	0.8797	0.1921	0.0680	0.0304	0.6655
11	0.8797	0.2684	0.1062	0.0345	0.7394
12	0.9780	0.4393	0.1815	0.0602	0.8837
13	0.8051	0.2466	0.1839	0.0411	0.8267
14	0.9864	0.2625	0.2369	0.0842	0.9116
15	0.8787	0.1018	0.2522	0.0623	0.8280
16	0.6639	0.0708	0.1978	0.0406	0.7826
17	0.6977	0.1530	0.2214	0.0428	0.8529

节点	移除节点算法	赵毅寰等（2009）	周漩等（2012）	范文礼和刘志刚（2013）	选用代数算法（当 $\alpha = 0.6$ 时）
18	0.7701	0.2383	0.1970	0.0424	0.8693
19	0.9671	0.3630	0.1845	0.0610	0.9055
20	0.8279	0.1734	0.1115	0.0359	0.7673
21	0.8279	0.1627	0.1023	0.0335	0.7274

　　五类算法得出的节点重要性排序略有差异，是因为各自算法的思路不同、侧重点有差异。移除节点的算法，网络直径和生成树的数目发生了改变，未考虑全局性；赵毅寰等（2009）算法考虑了各个节点对网络资源的控制能力，类似于网络权力的计算方法；周漩等（2012）和范文礼和刘志刚（2013）方法在本书提出的算法中进行了比较，与本书所提方法比较，如果度值出现极端值或差异性很大时，此时节点的贡献差异很大，为避免这种差异故采取平均节点度值指标，因此导致本书方法与以上两种方法具有一定的差异。但同时也发现周漩等（2012）、范文礼和刘志刚（2013）与本书算法的排序结果具有高度的一致性，也佐证了本书方法的正确性。另外本书的方法可以按照决策者的偏好进行灵活调整，从而保障了网络组织成员之间意见的一致性。

3. 适配程度的计算方法

　　其他影响网络组织成员贡献的因素主要体现在知识兼容、文化沟通、合作信誉等，具体指标分析如表5-7所示。

表5-7　　　　　　　　　　　适配程度的影响因素指标

影响因素	指标内涵
目标相容度	成员的目标和能力与合作目标实现的一致性程度，网络组织成员之间目标的兼容性
知识重叠基	一定的相近知识，能相互理解和配合沟通的知识结构
知识转移速率	企业将自身知识共享并运用于合作组织的能力
沟通适应	团队成员为了确保有效沟通而共同遵守的一组行为准则。网络组织价值观、合作理念、个体行为差异的沟通

影响因素	指标内涵
环境要求	网络组织成员迎合并适应了内外部环境的要求
信任关系	团队成员彼此相信各自的正直、诚实和工作能力
承诺水平	团队成员彼此相信各自的承诺、惩罚水平和奖励力度

以上因素主要是定性的都很难获得有关数据，因此针对未能有效获得关键数据的一类估计方法即考虑关键指标的估算方法以及模糊化处理技术可以应用于此类问题的解决。以模糊综合评价理论为工具，提出将网络组织实现的目标或者完成的任务与网络组织成员的影响因素相匹配结合的分析方法。该分析方法在一定程度上真正反映了被评价网络组织成员贡献在合作剩余生成过程中对目标实现产生的影响，从而避免了盟主仅根据网络组织成员的资源投入和能力测量为核心的静态测量方式，保障了测量的公平性和合理性。

（1）将每个二级指标分为 4 个等级（很符合，较符合，不太符合，不符合），每个等级设定不同的数值，等级越高，分数越高。分别向盟主和专家、历史顾客发放调查问卷，分析处理后，采取均值法求得网络组织成员的各指标分数。

$$T = \begin{bmatrix} t_1 & t_2 & \cdots & t_m \end{bmatrix}^T = \begin{bmatrix} t_{11} & t_{12} & \cdots & t_{1n} \\ t_{21} & t_{22} & \cdots & t_{2n} \\ \cdots & \cdots & \cdots & \cdots \\ t_{m1} & t_{m2} & \cdots & t_{mn} \end{bmatrix}$$

其中每一个网络组织成员都建立一个综合评价矩阵，t_{ij} 为第 i 个指标按照评价等级针对网络组织成员 j 计算的各指标分数并进行归一化处理得到的结果，满足 $\sum_{j=1}^{n} t_{ij} = 1$，此时矩阵 $T = \begin{bmatrix} t_{ij} \end{bmatrix}_{m \times n}$ 即为模糊评价矩阵。

（2）求解影响因素的权重向量。各影响因素的权重系数为：$W^2 = (w_1^2, w_2^2, \cdots, w_m^2)$，权重系数的确定采用层次分析法的求解方法，该方法是一种定性与定量相结合的决策方法，其优越性已经被各领域研究所证实。

（3）求解网络组织成员的综合评价值，并进行归一化处理。即求

解矩阵 W^2T，得到 1 行 m 列的向量，进行归一化处理得到网络组织成员的适配程度向量 $\overline{f_i}$。

4. 合作程度和适配程度的集成方法

合作程度和适配程度为 $\overline{c_i}$ 和 $\overline{f_i}$，考虑合作程度和适配程度之间的非线性相互作用，因而集成公式采用几何加权方式而不采用线性加权的形式，并进行归一化处理得到：

$$W_i^2 = \frac{\overline{c_i}^{\mu} * \overline{f_i}^{\tau}}{\sum\limits_{i=1}^{n} \overline{c_i}^{\mu} * \overline{f_i}^{\tau}} \qquad (5-9)$$

其中，W_i^2 为网络组织成员 i 的合作关系的测量，μ 和 τ 分别为合作程度和适配程度的权重系数，系数的大小取决于决策者或者盟主对于合作程度和适配程度的偏好。

5.2.3 基于合作产出的分配模型

考虑"公平、公正和正义"的分配原则。假设无网络组织成员 i 参与时其余 n-1 方合作的获得剩余记作 $V(N/i) = b_i$，（$i = 1, 2, \cdots, n$），且记 $b = (b_1, b_2, \cdots, b_n)$。设网络组织成员分配合作剩余的下限和上限分别记为：$\underline{x} = (\underline{x_1}, \cdots, \underline{x_n})$，$\overline{x} = (\overline{x_1}, \cdots, \overline{x_n})$，网络组织成员应分配到的合作剩余记为：$x = (x_1, x_2, \cdots, x_n)$，满足 $\sum\limits_{i=1}^{n} x_i = V(N)$，$V(N)$ 是待分配的合作剩余总值。

1. 求解步骤

（1）基于 n 个 n-1 个网络组织成员的合作获得，求解网络组织成员获得的下限。其求解模型如下：

$$\begin{cases} \sum\limits_{i=1}^{n} x_i - x_1 \geqslant b_1 \\ \cdots \\ \sum\limits_{i=1}^{n} x_i - x_n \geqslant b_n \end{cases}$$

求解：$A\underline{x}^T = b^T$，其中矩阵 A 为不等式方程组对应的系数矩阵，由于矩阵 A 中元素为 1 和 0，因而易求得：$\underline{x_i} = \frac{1}{n-1} \sum\limits_{i=1}^{n} b_i - b_i$，即为 x_i

获得的下限 $\underline{x_i}$。实质上求解结果既是满足合作条件的网络组织成员最小获得也是网络合作的最基本条件。

并且满足：$B - \sum_{i=1}^{n} \underline{x_j} \geq 0 \Leftrightarrow B \geq \dfrac{1}{n-1} \sum_{i=1}^{n} b_i$。

（2）当 j 参与（原先无 j 的）n − 1 方合作时，获利为 $B - b_j = \overline{x_j}$，此时 $\overline{x_j}$ 先由网络组织成员 j 方分配，分配比例为：ε，然后无 j 的 n − 1 方再平均分配 $\overline{x_j}$ 剩余的 1 − ε 部分，其中 0 < $\varepsilon \leq 1$，即：

$$x_j = \varepsilon \overline{x_j}, \quad x_i = \underline{x_i} + \frac{(1-\varepsilon)\overline{x_j}}{(n-1)}, \quad i = 1, 2, \cdots, n, \ i \neq j。$$

（3）当 j 取 1 到 n 时且 j ≠ i，此时共有 n − 1 个 x_i 的取值：

$$x_i = \underline{x_i} + \frac{(1-\varepsilon)\overline{x_1}}{(n-1)}$$

$$x_i = \underline{x_i} + \frac{(1-\varepsilon)\overline{x_2}}{(n-1)}$$

$$\cdots$$

$$x_i = \underline{x_i} + \frac{(1-\varepsilon)\overline{x_n}}{(n-1)}$$

当 j = i 时，

$$x_i = \varepsilon \overline{x_i}$$

对以上 n 个等式左右分别相加得到：

$$n x_i = (n-1)\underline{x_i} + \frac{(1-\varepsilon)\sum_{j \neq i} \overline{x_j}}{(n-1)} + \varepsilon \overline{x_i}, \quad i = 1, \cdots, n$$

$$(5-10)$$

再对公式（5 − 10）整理得到：

$$x_i = \frac{n-1}{n}\underline{x_i} + \frac{1}{n}\left[\varepsilon \overline{x_i} + \frac{(1-\varepsilon)\sum_{j \neq i} \overline{x_j}}{(n-1)}\right], \quad i = 1, \cdots, n$$

$$(5-11)$$

实质上公式（5 − 11）即为平均值分配，保证了公平公正的合理性。代入 $\underline{x_i}$，$\overline{x_j}$，式（5 − 11）又可以表示为：

$$x_i = \frac{V(N)}{n} + \frac{(n-2+\varepsilon)}{(n-1)}\left[\frac{1}{n}\sum_{i=1}^{n} b_i - b_i\right], \quad i = 1, \cdots, n$$

$$(5-12)$$

即求得网络组织成员 i 应分配到的合作剩余。

2. 方法的优良性证明

（1）传统 Raiffa 公式的表示：

当 $\varepsilon = \dfrac{1}{2}$ 时，公式（5-11）经简单计算，即为传统的 Raiffa 公式（Kikuta，2017；Keeney，2016）：

$$x_i = \frac{n-1}{n}\underline{x_i} + \frac{1}{n}\left[\frac{\overline{x_i}}{2} + \frac{\sum\limits_{j \neq i} \overline{x_j}}{2(n-1)}\right],\ i = 1,\cdots,n$$

带入 $\underline{x_i}$ 和 $\overline{x_j}$，公式（5-12）表示为：

$$x_i = \frac{V(N)}{n} + \frac{2n-3}{2(n-1)}\left[\frac{1}{n}\sum_{i=1}^{n} b_i - b_i\right],\ i = 1,\cdots,n$$

（2）协商解和最小距离解等类的分配方法表示：

当 $\varepsilon = 1$ 时，公式（5-12）即为协商解：$x_i = \dfrac{V(N)}{n} + \left[\dfrac{1}{n}\sum\limits_{i=1}^{n} b_i - b_i\right]$，同时也为最小距离解。由于协商解、最小距离解、均衡解、满意解等类型，在特定情况下能相互推导，因而可以归并为一类。

（3）区间 Shapley 值分配方法的表示：

区间型 Shapley 值的分配方法是传统 Shapley 值的重要补充，主要利用区间数运算法则特别是加减法，提出具有区间支付的 Shapley 值分配方法，求得分配的区间值，并证明其合理性（Meng et al.，2019）。由于分配公式（5-12）中合作剩余分配的下限和上限可以分别对应区间数的左右两端点，所以区间型 Shapley 值和本书所提的方法实质上处理的是同一类问题，但由于本书所提方法求得的是确定数而不是区间分配值，因而具有更便利的应用。

综上所述，方法反映了网络组织成员的预期期望水平，保证了弱者的合作剩余，体现了结果和贡献的匹配，同时是三类特殊分配方法的表示，因而本节所提方法具有通用意义。

3. 算例分析

为完成某项任务或达到某个目标，假设由三个成员 A、B、C 建立网络组织。如果单独经营则均获利 5 万元，成员 A 和 B 合作则可获利 35 万元，成员 A 和 C 合作则可获利 25 万元，成员 B 和 C 合作则可获利 20 万元，网络组织总体获利 50 万元。

（1）算数平均值法。每个成员应分得 50/3 万元，由于 A 和 C、B 和 C 中单独经营获利之和大于双方合作的获利之和，因而不可能建立网络组织。

（2）Shapley 值法。由姜启源等（2011）得 A、B、C 分得利润为 20 万元、17.5 万元、12.5 万元，各成员合作后的收益得到了明显提升，是一种符合 Pareto 强最优性的合作剩余分配方式。

（3）本节所提分配方法。其求解结果可以按照决策者的偏好，灵活选择参数的取值，并证明了一些优良的性质（见表 5-8）。

表 5-8　　　　　通用方法的网络组织成员分配值

i	A	B	C
采用文中解法	$20 + 10/3 \times \alpha$	$105/6 + 5/6 \times \alpha$	$75/6 - 25/6 \times \alpha$
当 $\alpha = 1/2$ 时，即为传统 Raiffa 方法	65/3	215/12	125/12
当 $\alpha = 0$ 时	20	105/6	75/6（比传统方法分配值增大，即极端保护弱者）
当 $\alpha = 1$ 时	70/3（比传统方法分配值增大，即极端强调强者）	55/3	25/3

由案例中两两合作的效益可看出：C 企业相对贡献较少，因而在应用传统 Raiffa 解和文中所提方法中分配利润确实比 Shapley 值小，同时 A 和 B 分配值应相应地提高，但由于 A 的相对贡献比 B 大，因而 A 的绝对增加 5/3 比 B 的绝对增加 5/12 大，因而方法具有一定的优越性。

所提方法在一定程度上能灵活对合作产出进行分配，但也需要合作产生合作剩余和各成员利益的假设前提，有些时候也很难满足条件，因而需要继续探索条件更加宽松的分配方法。

5.2.4　三种影响因素的分配模型

一方面，考虑把资源投入、合作关系和合作产出作为一个相互作用的整体系统来考虑，因而需要三阶段分配的集成，如表 5-9 所示。

表 5 - 9　　　　　　　基于稳定性的合作剩余分配模型构建方法

主要阶段	考虑的主要因素	对应的测量方法
输入阶段	资源投入的贡献	参见 5.2.1 节
机能阶段	合作关系的贡献	参见 5.2.2 节
输出阶段	合作产出的贡献	参见 5.2.3 节
集成阶段	全过程的贡献	本节所提方法

输入阶段：基于资源类相关投入的分配实质上是按要素分配的重要体现，参见 5.1 节的求解，此类方法可综合考虑知识共享程度、资源投入、风险程度、市场结构等因素；机能阶段：网络节点的中心度可以反映出节点在网络中的能力、地位和声望，直接能体现出节点的协同能力，其测量方法主要用复杂网络方法，上一节的方法考虑了全局和局部的结构特征；输出阶段：考虑合作产出中网络组织成员实际贡献的多少，利用修正的 Raiffa 值法进行测算。

另一方面，在求解合作产出的剩余分配时，实质上假设网络组织成员投入资源、承担的服务和风险、知识转移速率等都是均等的，这显然与实际情况不符，因此也需要进行合作剩余分配的修正，避免出现"搭便车"的情况。上节指明了 Raiffa 值法固有的优越性，其本质在于依据网络组织成员的贡献决定各自应分配到的利益。但也存在一些问题，比如忽略了无法直接转化为收益的因素，在应用以上方法时设定参与人都是平等的，只有能够带来收益变化的因素才能对收益分配产生影响，反之无法转化为收益的因素则无法体现在利益的分配中，然而实际上参与人的地位是不同的，即缺少网络组织成员特征及其多种利益形式对合作剩余分配的影响，难以体现合作剩余分配的制度设计要求，因此需要对 Raiffa 值法进行改进，对应表 5 - 9 中的输入—机能—输出阶段的集成阶段。

由于考虑合作产出的利益分配是根据既定契约确定的，应该变化不大，故设定为基础分配值，在此基础上进行分配的调整。假设资源类因素投入影响的权重为 θ，合作关系的权重为 $1-\theta$，满足 $0 \leqslant \theta < 1$，基于以上分析构建如下合作剩余分配模型：

$$x_i^* = x_i + \theta\left(\omega_i^1 - \frac{1}{n}\right) \times V(N) + (1-\theta)\left(\omega_i^2 - \frac{1}{n}\right) \times V(N)$$

$$(5-13)$$

其中，x_i^* 是集成后的合作剩余分配值也可以认为 Raiffa 值法的修正，x_i 是输出阶段分配的数值，满足 $\sum_{i=1}^{n} x_i = V(N)$。$\omega_i^1$ 和 ω_i^2 分别是资源类的投入和合作关系的分配系数，平均系数取值为 $\frac{1}{n}$。θ 的大小取决于网络组织核心节点或者所有成员的一致性意见。

需要进一步说明的是，实质上 θ 可以去除，从而公式（5-13）变成 $x_i^* = x_i + \left(\omega_i^1 - \frac{1}{n}\right) \times V(N) + \left(\omega_i^2 - \frac{1}{n}\right) \times V(N)$，此时 $\sum_{i=1}^{n} x_i = V(N)$，因而从完全分配合作剩余的角度来看，此时并不影响求解结果。但此时认为不同阶段的贡献对合作剩余分配的影响是均等的，而由前面分析来看一般情况来讲贡献是不均等的，因而采用公式（5-13）进行求解。张瑜等（2016）中的公式认为协同能力大而评价权重值小的应该给予补偿，但缺乏协同能力大小与资源类的投入大小的其他组合情况的考虑，比如协同能力大和评价权重值也大的情况，此时是否给予补偿缺乏进一步的讨论，而公式（5-13）能说明其他组合情况的求解。

公式（5-13）实质上是三个阶段分配的集成，因此可以按照网络组织合作的实际过程，进行任意阶段的拓展，然后集成。比如扩展为 $t+1$ 个阶段，设定合作产出为最后一个阶段，则：

$$x_i^* = x_i + \sum_{j=1}^{t} \alpha_j\left(\omega_i^j - \frac{1}{n}\right) \times V(N), \quad \sum_{j=1}^{t} \alpha_j = 1, \quad \sum_{i=1}^{n} \omega_i^j = 1$$

$$(5-14)$$

实质上公式（5-14）无限逼近合作剩余生成的全流程，因而可以用定积分表示合作剩余的分配，限于篇幅不再拓展。x_i 的求解可以采用 Raiffa 值法、Shapley 值法、协商解法、最小距离解、均衡解、满意解等类型的合作剩余分配方法，值得强调的是如果合作产出已经能够用网络组织成员的产出来表示，此时 x_i 取值为常数，合作产出的博弈论方法可以直接弃用。综上分析，公式（5-14）实质上属于合作剩余分配的一类通用方法，因而具有重要的应用价值。

可以证明公式（5-14）还满足以下几个性质：

集体理性：$\sum_{i=1}^{n} x_i^* = V(N)$ 反映了分配的集体理性，每个成员分得的收益总和等于网络创造的合作剩余总和，即 $x_i^* = \{x_1^*, x_2^*, \cdots, x_n^*\}$ 作为收益分配的整体合理性。

对称性公理：网络每个成员所得的利益与它的序号无关。

聚合公理：对于任意两个网络 u，v，有 $x_i^*(u+v) = x_i^*(u) + x_i^*(v)$，即任意个体参加两个网络，其收益为两个网络中的分别收益之和。

虚设人公理：对于虚设人 $i \in N$，有 $x_i^* = \pi_i$，所谓虚设人 i 是指满足 $x_{i \cup s}^* = x_i^* + x_s^*$ 的局中人。该公理表明，若虚设人 i 加入网络组织后并没有给 s 带来额外的收益，则对 i 的分摊 π_i 与他单干时的收益或成本 x_i^* 相等。

经简单验证公式（5-14）同时满足以上性质，可以包含如下公式。

（1）当 $W_i^1 = W_i^2 = \frac{1}{n}$ 时，说明资源类、合作关系影响因素都是均等的，或者不考虑以上影响因素，即为传统的合作剩余分配模型，比如利用 Shapley 值法。从以上公理来看公式（5-14）即为一类通用合作剩余分配的分析框架，因而具有重要的应用价值和较强的解释能力。

（2）当 $\frac{1}{2} \leq \theta < 1$ 时，说明资源投入类影响因素更重要；当 $0 \leq \theta < \frac{1}{2}$ 时，说明协同能力的作用更显著，以上取值可以按照决策者的偏好进行灵活调整。

（3）若 x_i 取值为网络组织成员单干时的收益，当 ω_i^1，$\omega_i^2 < \frac{1}{n}$ 或 ω_i^1，$\omega_i^2 > \frac{1}{n}$ 成立时，由公式（5-14）可知，网络组织成员的既得利益小于或者大于单干时的收益，此时必然存在某网络组织成员的获得利益小于单干的情况，这与网络组织形成的基本前提相矛盾，即合作的收益应该大于单干的收益，否则容易导致网络组织的解体，但鲜有文献说明其原因。

根据虚设人公理，引入调整因子的不同之处在于：不能给网络组织带来额外收益的企业加入网络后只能获得单干时的收益，从公平的角度来说虚设人定理具有一定的合理性。但从网络合作的规模效应来看，网络组织成员越多效应越好，并且规模大的网络组织的议价能力越强，越具有发言权应该取得更大的利益，网络组织越应该取得更多的利益，但成员却取得小于单干时的利益，此时好像出现了矛盾。实际上此时意味着由于成员的加入变相降低了网络组织的实力，即不鼓励这类成员加入网络，因此分得比单干时更少的收益更具有合理性和现实性。即由公式（5-14）得知，不能给网络带来额外收益的成员加入网络后分得比单干时更少的利益，即此时 $\omega_i < \dfrac{1}{n}$ 成立。另外，如果不考虑调整因子，边际贡献越高的网络组织成员分得的利益越高，这就出现了"搭便车"的情况存在，这也与网络组织存在的现实情况不符。

由以上分析也容易得到如下命题：

命题 5.1　在一个完全竞争市场的网络组织生产项目中，各个企业所分配的剩余，完全取决于它们再生产最终产品的物质投入，而非协同能力或者最后产出贡献，此时网络组织成员获得相同的利润率。

命题 5.2　参与网络组织的成员以制度协议的合作模式，网络组织成员都在追求分配的公平，而这种分配方式，主要适合大宗工业品制造环境。

命题 5.3　企业在网络组织中获得的利益与该企业在网络组织整体合作竞争能力的贡献呈一定比例关系。

5.2.5　算例分析

企业响应市场机遇，但缺乏资源和能力，因而寻求合作并因合作关系形成网络组织。网络组织完成任务后，需要进行合作剩余的分配。其中网络组织成员投入的资源数量如表 5-10 所示，合作关系的网络组织结构如图 5-4 所示，假设无网络组织成员参与时其余各方合作获得的利益如表 5-11 所示，$V(N)=2$。

表 5 – 10　　　　　　　　　　网络组织成员投入资源的数量

资源数量	a	b	c	d	e	f	g	h
R_1	0.24	0.83	0.8	0.5	0.12	0.76	0.89	0.2
R_2	0.24	0.19	0.9	0.79	0.68	0.78	0.23	0.68
R_3	0.31	0.27	0.7	0.91	0.64	0.35	0.15	0.45
R_4	0.87	0.78	0.4	0.88	0.73	0.84	0.3	0.79

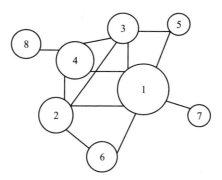

图 5 – 4　网络组织合作关系结构

表 5 – 11　　　　　　　　　　网络组织成员生成的合作剩余

剩余总额	a	b	c	d	e	f	g	h
V（N/i）	0.72	0.56	0.27	0.35	0.64	0.37	0.52	0.55

（1）资源投入分配。利用熵权法求解各类资源的客观权重向量，表 5 – 12 是表 5 – 10 经计算后的标准化矩阵，经计算权重向量为（0.354，0.275，0.265，0.106）。由公式（5 – 1）计算资源类的投入对应的合作剩余分配为：（0.075，0.115，0.174，0.167，0.109，0.152，0.103，0.106）。同理可测算市场结构、风险承担对应的比值，考虑到篇幅略去，仅以资源投入进行分配。

表5-12 标准化矩阵

资源数量	a	b	c	d	e	f	g	h
R_1	0.055	0.191	0.184	0.115	0.028	0.175	0.205	0.046
R_2	0.053	0.042	0.200	0.176	0.151	0.174	0.051	0.151
R_3	0.082	0.071	0.185	0.241	0.169	0.093	0.040	0.119
R_4	0.156	0.140	0.072	0.157	0.131	0.150	0.054	0.141

（2）协调分配。网络组织成员各适配程度的评价结果如表5-13所示，经本书所提方法计算后的影响因素权重向量为：（0.16，0.34，0.17，0.07，0.02，0.07，0.17），得到网络组织成员的适配程度向量为：（0.12，0.13，0.13，0.09，0.14，0.13，0.12，0.13）。合作程度的网络组织结构如图5-4所示，采用公式（5-4）经计算后的结果如表5-14所示，取值：$\omega_{CC} = \omega_{BC} = \omega_{DC} = \frac{1}{3}$，合作关系的计算采用公式（5-9）进行，取值 $\mu = \tau = 0.5$。

表5-13 网络组织成员的适配程度评价结果汇总

影响因素	a	b	c	d	e	f	g	h
目标相容度	0.5	0.6	0.7	0.4	0.8	0.7	0.5	0.6
知识重叠基	0.25	0.4	0.33	0.1	0.43	0.3	0.38	0.35
知识转移速率	0.28	0.25	0.26	0.3	0.25	0.31	0.2	0.24
沟通适应	0.9	0.7	0.8	0.5	0.6	0.7	0.8	0.9
环境要求	0.3	0.25	0.3	0.3	0.28	0.4	0.35	0.29
信任关系	0.9	0.7	0.6	0.5	0.8	0.9	0.4	0.6
承诺水平	0.86	0.9	0.89	0.84	0.91	0.84	0.96	0.91

表5-14 网络组织成员的合作关系

成员编号	a	b	c	d	e	f	g	h
合作程度	0.100	0.114	0.114	0.103	0.153	0.153	0.129	0.133
适配程度	0.121	0.131	0.131	0.091	0.142	0.131	0.123	0.129
合作关系	0.096	0.118	0.118	0.074	0.173	0.159	0.126	0.136

（3）考虑成果的分配。利用公式（5 - 12），取 $\varepsilon = 0.5$ 时，由表 5 - 11 所列数据，可得网络组织成员的合作剩余分配值如表 5 - 15 所示。

表 5 - 15　　　　　　　　四种方法的合作剩余分配结果汇总

分配阶段	a	b	c	d	e	f	g	h
资源投入分配	0.075	0.115	0.174	0.167	0.109	0.152	0.103	0.106
事中协调分配	0.096	0.118	0.118	0.074	0.172	0.159	0.126	0.136
合作成果分配	0.043	0.192	0.461	0.387	0.118	0.368	0.229	0.201
集成修正方法	0.004	0.184	0.482	0.383	0.134	0.399	0.219	0.197

（4）考虑集成修正的分配。利用公式（5 - 13），取 $\theta = 0.5$ 时，网络组织成员的合作剩余分配值如表 5 - 15 所示。

以上步骤的分析结果如表 5 - 15 所示，每种方法的分配结果具有一定的差异，从序关系来看也存在一定的差异，这也在一定程度上说明了不同分配方法的合理性。从资源投入分配、协同能力分配和合作成果分配来看，三个阶段体现了合作剩余生成的不同影响，因而分配结果绝对值有差异，相对大小也不同。事后成果分配与集成修正分配的排序结果高度近似，这是因为事后成果分配考虑了网络组织成员在合作产出中的重要作用，虽然资源投入、合作程度和适配程度也重要，但事后成果分配更加体现的是结果导向，更说明了网络组织成员在关系租金产生中的贡献程度。

5.2.6　结论与讨论

本节构建了合作剩余生成的 IDEF0 功能框架模型，从而提出了合作剩余分配的逻辑，从多角度多阶段探讨了合作剩余分配的影响因素，并进行了三阶段分配、分配的集成和分配的优化调整。合作剩余生成并非简单的 IDEF0 过程，除了具有一般合作剩余生成的整体性、连续性的特征之外，还具有层次性、实践性、约束性等特征，因此本节的合作剩余分析只是上述情况的一种简化。所提的分配方法决策者很容易应用，但是度量网络组织成员的资源投入贡献、合作关系程度和合作产出结果并不是一个简单的过程，有些时候方法的前提条件也很难满足，因而需要继续探索条件更加宽松的分配方法。

5.3 考虑稳定性的合作剩余再次分配模型

基于网络组织的整体稳定性与可持续性发展，考虑到合作剩余由共有利益和私有利益两部分所组成，从而进行合作剩余分配的优化调整。在私有利益较高时，网络组织成员愿意适度降低合作剩余的分配额，通过调整扰动项以达到稳定性的目的。

5.3.1 基于预期收益结构的稳定性分析

1. 获取不同类型利益的动态关系

网络组织成员的预期回报会影响它们继续合作的动机。成员对私有利益和共有利益的获取能力决定了其行为的倾向性，一个特定成员的私有利益与共有利益的比值影响着网络组织合作的稳定性，因为它为网络组织各方在合作或竞争中创造了不对称的激励。如图 5 – 5 所示，假设网络组织由成员 X 和 Y 两个成员组成，O 区域表示 X 和 Y 的共有利益，A 区域和 B 区域分别表示 X 和 Y 的私有利益，当小圆 OB 向大圆 OA 移动时，O 的面积增大，B 和 A 的面积减小，这代表了共有利益的更大重叠，此时私有利益与共有利益的比例将会更小，从而较低的不对称激励会阻止成员 X 做出以牺牲成员 Y 为代价的更具攻击性的行为，同样的效果也发生在成员 Y 身上，给予 X 更少的动机去进行攻击性行为，从而网络组织变得更加合作。相反，圆 AO 远离 OB，此时面积 O 减小，面积 A 和面积 B 增大，共有利益在规模上减少，而 X 和 Y 的私有利益则显得更大，因而私有利益与公共利益的比例越高，双方的激励机制就越不对称，此时扩大了的私有利益在网络组织成员之间引发了更多的竞争行为，网络组织也更加脆弱。

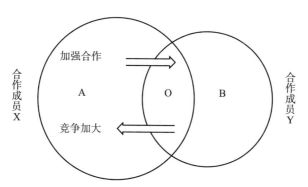

图 5 - 5　网络组织成员利益获取的动态变化

从以上分析可以看出，网络组织既可以创造共有利益又可以给网络组织成员带来私有利益，网络组织在分配共有利益的同时，网络组织成员也在努力获取私有利益。因此，网络组织成员是否继续留在网络内，取决于私有利益和共有利益的比率，两者的比率深刻影响着网络组织的稳定性。

2. 预期收益结构的网络组织发展策略

私有利益和共有利益的比值可以作为预期收益结构的度量（Ireland et al.，2002），因此可以应用预期收益结构的概念深入分析网络组织的稳定性，并记为 PBCX 或 PBCY，其中 X 或 Y 为合作成员。

$$\frac{私有利益}{共有利益} = \text{PCBX 或 PCBY} \tag{5 - 15}$$

从公式（5 - 15）可以得知 $0 \leqslant \text{PCBX 或 PCBY} \leqslant \infty$。高比率意味着一个特定的成员有能力获得比共有利益更多的私有利益，而低比率意味着一个特定的成员拥有相对较小的私有利益。比率的不同会产生四个主要场景，如图 5 - 6 和表 5 - 16 所示。当比率较高时，网络组织将变得不稳定，因为维持网络组织关系的动机较少，每个成员都试图掠取网络组织生成的合作剩余，它们之间的关系在本质上变得具有竞争性，同样在比率较低时，网络组织变得相对稳定。

133

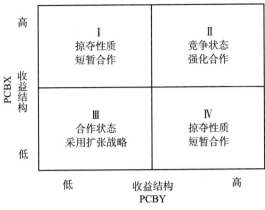

图 5 - 6　基于预期收益结构的合作程度分析

表 5 - 16　　　　　基于预期收益结构的合作利益分配策略

区域	利益类型	合作程度	发展对策	利益分配策略
I	获取的共有或私有利益较少	掠夺性质，短暂合作	促进弱者的成长	用自己的业务来取代合作关系或者分配时适当保护弱者
II	获取较高的私有利益	竞争状态，强化合作	增加合作的广度和深度	直接通过市场交易来完成
III	获取较高的共有利益	合作状态，扩张战略	一体化运营或者合并	通过类似于企业内部交易来完成
IV	获取的共有或私有利益较少	掠夺性质，短暂合作	促进弱者的成长	用自己的业务来取代合作关系或者分配时适当保护弱者

　　（1）当 PCBX 或 PCBY→∞时，共有利益极小，近似的只存在私有利益，这种类型的典型特征是参与者的竞争行为，因为私有利益在总体收益结构中占主导地位。此时双方对网络组织的依赖程度降低，从而增加了从网络组织中获取利益的不对称激励。双方都试图利用网络组织的专有技术（也包括成员）来实现自己的私有利益。这些竞争行为不可避免地会进一步加剧成员之间的不对称激励，加剧伙伴间的竞争，使网络组织关系难以维系，因此稳定性极差。比如同行业、同规模的伙伴网络组织的竞争与合作，对于此类伙伴的活动一般是通过市场交易直接完成，并且通过市场交易进行了利益的分配，此时对应 II 区域。

　　（2）当 PCBX 或 PCBY→0 时，此时私有利益极小，近似的只存在共有利益，这种类型的特征是参与者伙伴的合作行为，因为共有利益在整体收益结构中占主导地位。双方对网络组织的依赖程度极高，从而降低了从网络组织中获取私有利益的行为。双方都试图进行一体化合作或者整合、兼并，从而网络组织关系极其稳定。此时的合作完全不是通过市场交易完成，而是全部通过类似于内部交易直接完成，此时对应Ⅲ区域。

然而大多数网络组织不会落入纯粹的私有利益或者共有利益的极端情况。当共有利益超过一个阈值，占优的伙伴在开始获得私有利益时，最好不要终止其在网络组织中的参与，从而增加竞争的需要。

（3）当 PCBX≥1 或 PCBY≥1 时，这种类型的特征是某一成员单方面的竞争行为，获取其他成员的利益。这种侵略性的行为来源于战略伙伴之间议价能力的不平衡，而这种不平衡是由特定的伙伴持有一些独特的资源（比如关键的稀缺资源）。双方收益结构的偏差也是由于学习能力、市场力量和商业网络的差异造成的。它在特性上是暂时的，因为当被剥夺的伙伴找到一个新的、具有更好利益条件的可替代伙伴，或者从网络组织获得了所需的专门知识和技能时，网络组织将终止，因此对应的稳定性程度一般。跨国伙伴在进入新市场时，通常会在当地寻找成员或贸易商，并在获得专业知识、当地网络或稀缺资源（经验丰富的员工）后，用自己的业务来取代合作关系，此时对应Ⅰ或Ⅳ区域。

（4）当 PCBX≤1 且 PCBY≤1 时，这种类型的特征是参与成员的合作行为，因为双方的私有利益比例都较低，降低了其脱离网络组织的动机。双方都愿意保持稳定的网络组织关系，因此稳定性程度高。这对于那些需要独特资产、专门知识（例如专利）来进行技能交流和发展以及免费资源的网络组织来说尤其重要。然而，这种类型的网络组织受到成员稀缺的限制，此时对应Ⅰ或Ⅳ区域。

命题 5.4　对于纯共有利益和纯私有利益下的资源配置是比较有效的。

从以上命题来看，所有网络组织成员都同意的最佳资源配置方式，此时网络组织成员的合作如同一个企业，因而网络组织演化为科层组织。

当 PCBX 或 PCBY 较高时，因为维持网络组织关系的动机较少，每个成员都试图获取网络组织中的利益，它们之间的关系在本质上变得具

135

有竞争性，因此得到命题5.5。

命题5.5　当比率较高时，网络组织将变得不稳定。

当 PCBX 且 PCBY 较低时，因为除了相关的市场交易和活动外，成员从网络组织中获得的私人市场机会较少，双方也没有动机去破坏现状。每个成员都将变得更加合作，并愿意做出更多的资源承诺，以继续取得成功。但事实上，这种关系从来就不稳定，它受制于网络组织范围之外不断增长的市场机会，因此得到命题5.6。

命题5.6　当比率较低时，网络组织内的紧密联系将会保持，但关系不稳定。

具有不同的行业吸收能力和市场实力，在为自己谋取私有利益并获取相关机会的能力上存在差异。当比率超过从网络组织博弈极限时或者趋近于0时，网络组织极其不稳定，企业可能会走向市场交易。另外，具有较高吸收能力的伴侣可能会利用转移技能为自己谋取私利，因此得到命题5.7。

命题5.7　成员的 PCBX 或 PCBY 数值也不一样。

高共同利益和高私人利益的环境会产生最稳定的网络组织，而低共同利益和高私人利益的环境会产生最不稳定的网络组织。低共同利益和低私人利益以及高共同利益和低私人利益的情况具有中等程度的稳定性。

5.3.2　稳定性的分配方法设计

分析稳定性分配方法需要满足的基本要求，从而提出分配扰动项的分配方法并对分配方法满足的性质进行分析以进一步验证分配方法的合理性。

1. 基本要求

合作剩余分配的目标在于保障网络组织的稳定性和公平性，制定合理的分配策略，一方面抑制机会主义从而激发网络组织成员的积极性，以实现协同效应，从而保障网络组织的稳定性；另一方面提出合理的利益分配方法实现网络组织的公平性，也保障了网络组织的稳定性。

合作剩余的分配体现网络组织合作的全过程的成员贡献；体现私有利益在合作剩余分配中的调整作用。其中全过程用资源类的投入成本——

合作关系（协同能力）—合作产出的分配策略来体现；在最终分配时，权衡私有利益和共有利益的相对数额，理性的网络组织成员在获取较高私有利益的同时，愿意降低合作剩余的分配额，以维持网络组织成员之间合作剩余分配的公平性和合理性，从而获取长期合作剩余。与此同时，溢出合作剩余过高的网络组织成员也应得到相应补偿。

2. 分配扰动项的设计方法

当网络组织成员的私有资源与网络资源密切相关时或者互补性强时，网络组织成员拓展了私有资源的应用范围，提高了私有资源的利用价值，获得了较高的私有利益。当私有利益过高而共有利益过低时，网络组织不稳定，从而影响长期合作的进行，因而私有利益过高时应该适当降低合作剩余的分配额，维护网络组织的稳定与发展。

在合作剩余分配设计的总体框架基础上，添加基于扰动项的稳定性合作剩余分配因子，具体设计思路为：构建资源投入—协同能力—合作产出—添加扰动项的首次分配逻辑过程。即在合作剩余分配值的基础上，以私有利益较高的情况为分析设定，提出分配的调整方法，构造合作利益分配调整的扰动项，最后集成合作剩余分配和私有利益分配，得到最终分配值。

假设 $S_i(i=1,2,\cdots,n)$ 为成员 i 获取的私有利益，相关能力越强，网络共享资源获取得越多，其私有利益获取得应越高。同时私有利益的分配是虚拟的分配，因而它应该成为合作剩余分配调整的扰动项，即私有利益较高时，应适当降低共有利益的分配，反之亦然。理论上，网络组织成员调整分配的比例应该和合作剩余分配的比例相一致，因此第 i 个网络组织成员应获得的合作剩余分配为 $\frac{x_i^*}{V(N)}\sum_{i=1}^n S_i$，显然，应修正的分配额如下式所示：

$$\delta_i = \frac{x_i^*}{V(N)}\sum_{i=1}^n S_i - S_i \qquad (5-16)$$

经验证：$\sum_{i=1}^n\left(\frac{x_i^*}{V(N)}\sum_{i=1}^n S_i - S_i\right)=0$，因而是关于私有利益调整的一个扰动项，实质上就是合作剩余分配的一个扰动项。上式也可以设定为 $x_i^* - S_i$，$(i=1,2,\cdots,n)$，该公式能够简单表示占有私有利益高的网络组织成员减少了合作剩余的占有，但具体调整规则不明确，公式（5-16）是基于合作剩余的占有比例来相应减少私有利益的份额，能更好地表示合作剩余与私有利益分配的关系，因而使得分配调整与分配集成具有一致性。另外，私有利益求解可以采用文献（Ritala & Tidström，2014）的方法进行。

设 X_i 为网络组织成员 $i(i=1, 2, \cdots, n)$ 应得到的利益分配数值，由以上分析可建立如下的数学模型：

$$X_i = x_i^* + \delta_i \qquad (5-17)$$

其中，x_i^* 可以为首次分配的取值，从而 $x_i^* = x_i + \theta\left(\omega_i^1 - \dfrac{1}{n}\right) \times V(N) + (1-\theta)\left(\omega_i^2 - \dfrac{1}{n}\right) \times V(N)$。$\delta_i = \dfrac{x_i^*}{V(N)} \sum\limits_{i=1}^{n} S_i - S_i$，$\sum\limits_{i=1}^{n} x_i = V(n)$，$0 \leq \theta < 1$，$\sum\limits_{i=1}^{n} \omega_i^1 = \sum\limits_{i=1}^{n} \omega_i^2 = 1$。以首次分配的取值为例，公式（5-17）的组成部分如表 5-17 所示。

表 5-17　　　　　　　　治理稳定性的合作剩余分配组成部分

分配值	合作产出	资源投入	协同能力	调整分配
$X_i = x_i + \theta\left(\omega_i^1 - \dfrac{1}{n}\right) \times V(N)$		$+ (1-\theta)\left(\omega_i^2 - \dfrac{1}{n}\right) \times V(N)$		$+ \dfrac{x_i^*}{V(N)} \sum\limits_{i=1}^{n} S_i - S_i$

由表 5-17 的分配模型公式，下面将给出具体的分配程序，当达成一致性的意见时结束合作剩余分配，否则进行下一步。

3. 分配方法所满足的稳定性条件

从前面分析容易得到：

（1）$\sum\limits_{i=1}^{n} X_i = V(n)$，说明了满足合作剩余分配的最大化条件。也是平衡预算线，满足分配方法的集体理性条件。

（2）特别指出的是，如果私有利益 S_i 不容易测算或者 $S_i = 0$，那么分配方法实质上考虑了全过程的分配，此时由于考虑了全过程的影响因素，从而规避了机会主义，本质上也属于稳定性分配方法。

（3）基于合作剩余形式的多样性，在合作完成后的合作剩余调整阶段，可以引入品牌增值、专利技术、声誉、市场地位等因素进行调整，实质上就对应于网络组织成员获取的私有利益，从而基于私有利益的调整具有现实意义。当然以上因素的测量可以采用第三方评估的形式进行。

从而公式（5-17）的分配模型是满足合作的全过程并且考虑稳定性的系统化分配方法，一方面强调了网络组织成员的贡献，并由全过程分配规避了网络组织成员的机会主义行为；另一方面，恰好由于协同能力和合作成果分配的存在，保障了贡献程度较低的网络组织成员可以通过后期的努力程度而获取较大利益的可能性，激发了网络组织成员的主观能动性。因此公式（5-17）保障了网络组织的稳定性并促进网络组织成员的积极性，同时满足最大获利的约束条件，因而增强了分配的科学性和公平性。

5.4　合作剩余分配的步骤及其算例分析

将资源投入、风险承担、市场结构等因素引入到合作剩余的分配机制中，运行阶段分配机制考虑了合作程度和适配程度，事后分配机制考虑了产出结果，在此基础上进行分配的集成和修正，以此作为合作剩余的首次分配。然后基于稳定性治理的要求，设计合作剩余的再次分配。具体分配步骤如图5-7所示。

第一步：资源投入的分配。按照资源的四维分类，分别计算网络组织成员资源投入的成本价值和资源价值系数，按照比例进行分配。如果网络组织成员同意该分配方案或者达成网络组织成员的一致意见，可以认为分配可以结束，则分配结束，否则下一步。

第二步：合作关系的分配。按照合作关系程度的大小作为分配依据，主要体现在合作程度和适配程度。是否进行下一步，同上分析。

第三步：基于合作成果的再次分配。利用边际贡献分配的一类通用算法计算网络组织成员的贡献，如果第二步网络组织成员没有达成一致的意见，则需要继续进行此步分析，否则步骤可以结束。

第四步：集成和修正分配。此步骤是综合考虑以上分配基础上进行的分配，属于分配的集成和修正。是否进行本步骤，同上分析。

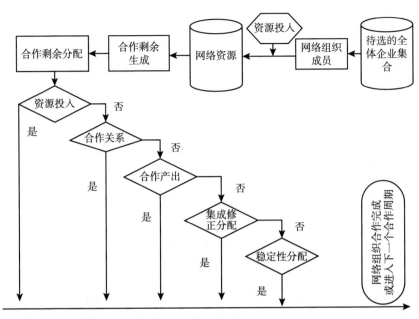

图 5 – 7   合作剩余的分配步骤

140

第五步：基于稳定性的分配。在第四步基础上，引入分配的扰动项，设计稳定性的分配，在私有利益较高时，网络组织成员愿意适度降低合作剩余的分配额，达到稳定性的目的。

在 5.2.5 节算例的基础上，稳定性分配需要确认每个成员获得的私有利益，如表 5 – 18 所示，私有利益的求解方法可参考文献（Ritala & Tidström，2014）。由公式（5 – 17）计算稳定性的分配值，如表 5 – 19 所示。

表 5 – 18　　　　　　　　网络组织成员获取的私有利益

成员编号	a	b	c	d	e	f	g	h
私有利益	0.023	0.292	0.561	0.487	0.198	0.268	0.129	0.101

表 5 – 19　　　　　　　　稳定性分配方法的求解结果

分配阶段	a	b	c	d	e	f	g	h
稳定性方法	− 0.016	0.080	0.417	0.289	0.073	0.541	0.314	0.299

从各类的利益来看：合作剩余总量为2，私有利益总量为2.059，因此网络组织总体不稳定；对于个体而言：预期收益结构的大小关系为：$e>b>d>c>f>g>h>a$，在稳定性分配时，对于私有利益获取比较多的情况，比如c和d适当减少了合作剩余的分配，同样对于g和h适当增加了合作剩余的分配。在稳定性分配中a的分配值是负值，这也说明了获取较多私有利益的网络组织成员减少了合作剩余的分配，由公式（5-13）和公式（5-17）的分析结果可知，此时a应该退出网络组织，以保障网络组织的竞争力。

以上分配方法结果的数值大小关系如表5-20所示，对于首次的合作剩余分配和合作剩余稳定性分配排序的差异：从排序结果上来看差异很小并且随着网络组织成员的增多其差异肯定会更小，这也验证了当网络组织成员较多时，合作剩余的分配宜采取平均分配的方式能够保持网络组织的稳定性（Kumar & Zaheer, 2019）。

表5-20　　　　　　　　　方法的分配数值大小比较

不同方法	排序结果
首次分配方法	$c>d>f>b>g>h>e>a$
稳定性的分配	$f>c>d>g>h>b>a>e$

（1）分配方法的相同点：都是基于合作剩余产生的逻辑进行分析，从而提出分配方法；测量程序都相对简化，利于方法的实际使用；首次分配模型方法体现了测量指标的定性和定量相结合、主观和客观相结合。以上方法都可以适用于网络结构不确定的情况，此时就是按照资源投入确定合作剩余的分配。如果合作产出不容易测量或者合作产出能够用网络组织成员的产出来表示，那么首次分配中修正的Raiffa值法可以直接弃用，直接用合作产出加权计算。

（2）分配方法之间的联系。稳定性方法属于首次分配方法基础上的优化调整，因此稳定性方法也考虑了资源投入、合作关系和合作产出的贡献。

（3）分配方法与讨价还价模型的区别。分配方法考虑了博弈论思想、讨价还价模型思想，比如合作产出的网络组织成员贡献测量方法利用的就是博弈论模型，但又不同于以上模型方法。比如本书提出的方法可以完全不依赖博弈论模型也能求解合作剩余的分配，因为所提的方法实质上依据合作剩余产生的影响因素，测量网络组织成员的贡献，然后进行集成分配，因而可以脱离博弈论的几个典型模型公式。当然也借鉴了相关博弈论思想，因而更具有普遍意义和应用价值。另外不需要烦琐的数学证明和推导，更重要的是不需要对方法模型成立的条件进行假设，达到了方法的简化、通用性质较强并便于各类人员的实施。

（4）分配方法适用的网络组织类型。由于方法都考虑合作剩余生成的全过程，网络组织的网络结构，因而可适用于所有类型的合作组织。

5.5 合作剩余分配策略的制定与实施

基于以上章节内容分析，总结网络组织不同类型及其典型网络组织的合作剩余分配策略，并对不同合作剩余类型和合作剩余分配实施进行研究。

5.5.1 不同组织类型的合作剩余分配策略

对于不同的企业或者组织自身发展属性对应于科层、市场和战略的不同特征，具体偏向于哪一类就形成了不同的网络组织类型，比如集群企业偏向市场，集团和虚拟企业偏向科层组织，战略网络、产学研网络主要考虑战略兼顾市场和科层，还有各类特殊的网络组织，比如技术、创新等，还存在各行业的网络组织或者产学研网络等，如表 5 - 21 所示。

表 5 - 21　　　　　　　合作类型与分配模式、策略和方法

划分依据	科层组织	市场组织	网络组织
典型组织	虚拟企业、集团企业等	产业集群、产业集聚等	战略网络
分配模式	产出分享模式	固定支付模式	混合模式

续表

划分依据	科层组织	市场组织	网络组织
分配策略	按照企业内部的分配策略	按照市场交易的价格	按照契约，非契约或者谈判决定取决于谁掌握剩余控制权
分配方法	由企业内部自行决定	确定交易价格，不能确定价格的可以按照物物交换的模式，类似于商品交换	混合方法

合作剩余分配模式主要有三种：（1）产出分享模式，是指按照一定的比例从合作产出的最终结果中获取合作剩余，属于一种利益共享、风险共担的分配模式。（2）固定支付模式，是指按照契约规定的报酬从最终合作剩余中支付固定的报酬（分为一次性支付和多次性支付），盟主或者网络组织核心成员享有合作剩余的其他部分，当然承担全部风险，这种分配方式接近于市场交易的模式。（3）混合模式，是产出分享模式和固定支付模式的混合，兼具市场交易模式和企业模式的特征。对于不同的合作类型匹配不同的合作剩余分配方式：对于偏向市场的类型可以按照市场价格直接交易完成；对于偏向科层的组织类型由企业内部分配完成；偏向战略的按照契约和非契约考虑。

对于单一的任务或者单目标的任务，其任务清晰、结构明确、目标相对单一，此时因为生产规模的需要、核心能力的缺乏或组织成长的需要，自身所不能完成等市场需求、行业竞争原因，需要进行合作。在合作后的组织中，合作任务和结构依旧清晰，因而合作成果的产权清晰，合作的贡献可采用计件制或小时制等方式也易于测量，因而生成的合作剩余也易于分配，并称此类合作组织的分配为"宫殿型"简单组织合作剩余分配，如图5-8所示。

图 5-8　"宫殿"型简单组织的合作剩余分配

对于多个任务或者多目标的任务，任务本身就不够清晰，任务或目标之间可能存在冲突或干涉，结构也不够明确，但因为生产规模扩大的需要、核心能力的缺乏或者自身能力所不能及等市场需要和行业竞争原因，但更重要的在于自身能力的缺陷或者核心资源的缺乏需要进行合作。在合作后的组织中，任务目标内部（组织内部）和外部（组织之间）存在冲突、干涉、摩擦等内耗问题（群体心理学中的此类负效应现象，称之为内耗效应），分工也不够明确，为努力完成此项任务或目标，需要建立满足合作灵活性的网络组织。需要进行系统的协同以解决组织之间的目标不一致等内耗问题，达到"1＋1＞2"的协同效应；需要解决合作剩余的分配问题，但由于以上合作产出的产权不明确，而导致难以进行合作剩余分配，并称此类合作组织的分配为"帐篷型"网络组织合作剩余分配。在此类合作组织的合作剩余分配中，一定同质条件下的异质性资源特别是互补性资源，有效的网络组织管理体系和网络组织文化，是保证网络组织持续发展的必要条件，也是合作剩余分配影响因素的重要方面，如图5－9所示，具体分配方法参照本书所提的方法。

144

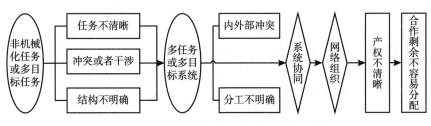

图 5－9　"帐篷"型网络组织的合作剩余分配

5.5.2　合作剩余分配策略的实施

按照合作剩余是否能直接分配和是否能现期分配进行分析，以明确网络组织合作剩余分配方法的选择，具体如表5－22所示。

另外，网络组织作为研究主体，网络组织可以分为成员之间的合作和参与价值链的合作，对应于合作剩余应该分为网络组织剩余和价值链剩余，由于不同类型的剩余来源存在差异，所以不同的剩余存在形式匹配于不同的分配方式，进而不同的分配方式对应于不同的分配方法，其中网络组织剩余注重于市场化规则和非市场化规则的分配，价值链剩余注重于市场规则分配。

表 5 – 22 合作剩余类型与分配方法建议

分配标准	类别	内涵分析	分配方法
是否可直接分配	间接分配（不可直接分配）	一部分价值不容易测量，但却是网络组织必须共享或分配的部分，比如专利、声誉、商标等，需要进行价值的量化或者等价值转化为可测量的时候再进行分配，即为间接分配	合作竞争理论和博弈论分析方法、本书所提方法
	直接分配	合作产出中可以直接测量的部分或通过明确契约关系已经界定产权的部分，可以直接进行分配	按照契约规定，可采用 Shapley 值法和本书所提方法
是否可现期分配	现期分配	可以直接测量的价值：比如利润	同直接分配中的分配方法
	长期分配	现期不能直接测量的价值，需要经过一段时间后也转化为直接测量的部分：比如专利、商标使用权等	同间接分配中的分配方法

145

前述基于 IDEF0 的合作剩余两阶段分配模型将网络组织成员贡献影响因素，比如广义资源投入类因素（互补资源投入、市场风险和市场结构）、合作关系因素（合作能力和适配能力）合作产出等三类，在此基础上结合成员的预期收益结构与网络组织稳定性的关系，考虑网络组织稳定性的合作剩余分配目标，将以上因素引入合作剩余的分配机制。以上模型结合了合作剩余的具体形态和特点、针对网络组织的不同类型，采取首次和再次"两阶段"对网络组织合作剩余进行分配，经过前面的分析，可知以上分配策略满足了网络组织稳定性与分配机制合理性的双重约束。

第一是首次分配阶段。首先按照贡献大小分配合作剩余，以充分调动网络组织成员的积极性，减少"搭便车"等机会主义行为。对成员资源投入的价值、风险程度和市场结构这三种合作剩余生成要素上的贡献进行测量并按照这些因素的影响进行分配，也就是本章所提的广义资源投入贡献的分配；考虑合作关系和适配程度进行协调分配；考虑产出结果中网络组织成员的贡献，简称为合作产出的分配。值得注意的是，以上三类因素还未体现合作剩余分配的整体性要求，也没考虑到不同影响因素在统一分配方法中的重要性程度，因此考虑三类因素进行集成，以此作为合作剩余首次分配的实施方法。通过赋予不同贡献影响因素的权重，以此体现贡献影响因素在合作剩余产出过程中的重要性程度，广义资源投入是推动网络组织合作及其发展的主导力量，合作关系是推动合作剩余产出的中间环节，合作产出是衡量投入产出效率的重要标识。因此，以上三类因素是决定合作剩余分配的关键方面，当然也考虑了合作剩余分配的公平性、效率性和贡献性，并且影响合作剩余分配的因素易于测量和合作剩余分配容易实现等。

第二是再次分配阶段。主要考虑网络组织的整体稳定性与可持续性发展，属于合作剩余分配的优化调整阶段。主要思想是：在私有利益较高时，网络组织成员愿意适度降低合作剩余的分配额以达到网络组织稳定性的目的，溢出合作剩余过高的网络组织成员也应得到相应补偿。当然也需要维持合作剩余分配的公平性和合理性，比如合作剩余的首次分配考虑了资源类的投入成本—合作关系（协同能力）—合作产出的分配因素，从而获得网络组织的稳定与发展，以期获取长期合作剩余。以上属于合作剩余的再次分配的实施模型和方法。

假设网络组织中只有成员 X、Y 和 Z，它们之间就合作剩余总量 V 的分配进行讨价还价。具体分配规则如下：

如果达成一致性协议，则 V 按照协议规则进行分配。

如果达不成一致性协议，X、Y 和 Z 分别得到 x、y 和 z，此时（x，y，z）被称为"威胁点"或非合作状态，可以认为是单干时的收益。$x + y + z < V$，$S = V - (x + y + z)$，用 a、b 和 c 分别表示成员 X、Y 和 Z 得到的合作剩余，假设 X、Y 和 Z 分别从合作剩余 S 中达到 h、k 和 t 的份额，那么：

$$a = x + hS, \quad b = y + kS, \quad c = z + tS, \quad 则 \frac{a-x}{h} = \frac{b-y}{k} = \frac{c-z}{t}$$

其中，h、k 和 t 又可以理解为谈判力，可能与个人的耐心有关，或与个人的边际贡献（可替代性）有关。

网络组织成员对是否达到预期的合作剩余和是否进行了合理分配的评估具有不确定性，当最终的预期收益少于最低收益时，此时网络组织成员可能会消极参与网络组织，此时如果没达成新的一致性契约规则，认为少于预期收益的网络组织成员将会单方面应对冲突，但此时效率是比较低下的，或者没有更好的程序来应对冲突的解决办法，从而有可能造成网络组织关系的恶化；如果网络组织成员都认为少于预期的收益，此时不存在谈判的可能性，网络组织将会彻底恶化和解体；当大于最低收益时，网络组织合作将继续进行下去，网络组织成员将会通过契约制度来维持和恢复网络组织稳定性条件的公平性和有效性。

5.6　案例分析——以华为公司网络组织为例

5.6.1　华为网络组织

华为公司创立于 1987 年，经过 30 余年的发展，已经成为全球领先的 ICT（信息与通信技术）基础设施和智能终端提供商，业务遍布 170 多个国家和地区，服务 30 多亿人口。2019 年上半年在外部挑战和压力下，全年取得了 18% 左右的同比增长（董小英等，2019），2009～2018 年的销售收入、净利润和研发费用如图 5－10 所示，销售收入自 2013 年增长迅速，对应的净利润和研发费用同比也都实现了两位数以上的增长。

147

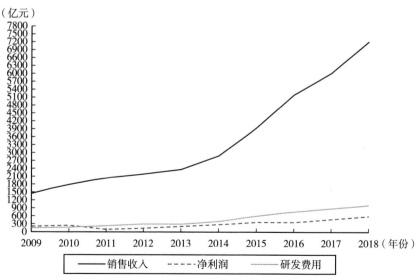

图 5－10　华为公司销售收入—净利润—研发费用情况统计

资料来源：华为 2009～2018 年度公报。

华为自 2009 年投入的研发费用从 143 亿元增加到 2018 年的 1015 亿元，增长幅度较大，自 2008 年专利申请数量也一直名列前茅，如图 5 – 11 所示。华为公司在研发业务上与竞争对手是差异化的，比如华为、高通和爱立信的 5G 实现的核心技术等。2013 年 IBM 发布的白皮书《为什么合作伙伴战略至关重要》显示：53% 以上的 CEO 利用外部合作促进创新，68% 的业务增长来源于广泛的外部合作，合作意愿较高的企业比合作意愿低的企业更能推动业务模式的创新、提升区域扩张能力。随着大数据、云计算、商务社交等技术的发展，企业已经难以依靠自身的技术和传统模式来应对机遇和挑战，因此加入各类网络组织是实现企业发展的重要推动力量。

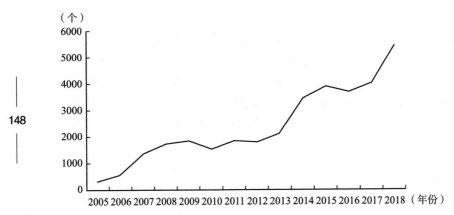

图 5 – 11　华为公司 2009 ~ 2018 年全球国际专利申请（PCT）

资料来源：世界知识产权组织（WIPO）Patent Cooperation Treaty Yearly Review，2005 ~ 2018。

华为的网络组织具有如下特点：

（1）开放式创新平台为基础的网络组织。

围绕互补资源和技术的共同研发，华为自 2006 年与沃达丰公司建立第一个联合创新中心以来，现在全球已经有 36 个联合创新中心和 14 个研究院/所/室，分布在中国、北美、欧洲、中东及东南亚等。加强与科研院所的合作，共同申报专利技术（王珊珊等，2018）。

华为联合合作伙伴积极推进和构建各类联盟，比如绿色计算机联盟。还发起了跨行业、跨产业的全球产业组织（GIO），华为 PLC – IoT

生态联盟：以"开放、创新和共赢"为宗旨，加强各行业上下游的生态伙伴的协同互动，共同推动产业的健康发展。联合业界伙伴共同创建中国超高清视频产业联盟（CUVA）、可信区块链联盟、网络 5.0 产业和技术创新联盟、互联网＋节能产业联盟等产业联盟。加强业界主流联盟的全面合作，比如 5G 汽车联盟（5GAA）、边缘计算产业联盟（ECC）和工业互联网联盟（IIC）等，华为与其他战略伙伴共同促进产业的可持续性发展。

综上来看，华为跨越组织边界，与合作伙伴构建"互生、共生和再生"的产业环境和共赢的商业生态体系，共同获取更多的利益。

（2）以商业模式创新推动技术和服务创新。

华为以客户为中心，通过创新产品和服务为客户创造价值。通过建立联盟与全球领先的咨询、应用及行业方案伙伴建立了战略合作关系，通过联合技术创新、联合解决方案开发、联合营销和销售等多种方式服务于客户，共同创造新的市场价值。

公司内通过员工的努力奋斗，保障有贡献的员工得到合理的回报；与供应商、合作伙伴、产业联盟、社区、科研机构等共建生态圈，实现合作共赢；为企业所在的区域提供就业岗位、上缴利润，并与合作伙伴、其他企业、政府和媒体保持开放沟通。

（3）构建面向未来的技术创新网络组织。

2005 年，华为在原培训中心的基础上成立华为大学，2020 年华为将设立华为 ICT 学院发展基金（ADIF），以促进华为 ICT 学院的发展，加快员工核心能力的培养，为华为业务发展培育和输送人才，促进知识共享。以网络 5.0 项目为技术基础，与合作伙伴共同成立产业和技术创新联盟，从而引领产业的发展。

华为"合作伙伴大会"的主题一直发生演变，从注重集成到构建生态圈，实现生态共赢，合作理念也在发生改变：渠道大会—合作伙伴大会—生态伙伴大会—生态大会，从聚焦伙伴到关注生态，不断扩充生态角色，华为主动打破合作边界，不局限于已有的伙伴关系，维护固有的合作关系不断开拓新的合作渠道；从"聚焦和被集成"发展战略向"Huawei Inside"转变，构建范围更广、空间更大、价值更高的"新生态"。

149

5.6.2　华为的网络组织稳定性与合作剩余

华为公司通过与合作伙伴建立稳健的关系，互利共赢实现网络组织的稳定性。通过加强资源投入、制定促进良好合作关系形成的措施，以促进合作剩余的生成。在合作利益的冲突、冲突解决的方式等方面进行协商以促进良好关系的形成，具体措施或者做法如表 5 − 23 所示。

表 5 − 23　　　　　　　　网络组织的稳定性与合作剩余

主要方面	影响因素	典型案例或措施
网络组织稳定性	关系稳定	有连续十年金牌供应商：英特尔和恩智浦，也包含三星、高通、博通、富士康、微软、索尼、甲骨文等国际巨头的合作关系
	伙伴管理	基于共同的愿景"让我们一起实现客户价值"，加强合作伙伴管理，建立华为云伙伴、解决方案伙伴、销售伙伴、服务伙伴、人才联盟 – ICI 学院和人才联盟 – HALP 等平台，制定合作伙伴管理措施。 推出 IP 和存储产品售前专业人员（HCPP）认证，帮助合作伙伴深入掌握产品技术知识，并获得客户技术交流、基于场景的解决方案设计和 PoC 测试等实用技能。 扩展了市场发展基金（MDF）和联合市场基金（JMF）的活动场景，以支持合作伙伴的相关拓展业务，让伙伴享受到能力增值带来的收益。 新建了与 Bosch 等伙伴的战略合作关系，并扩大了与 SAP、微软、英特尔、埃森哲和 Infosys 等现有伙伴的战略合作
合作剩余生成	资源投入	《华为中国企业业务合作伙伴政策》中规定针对不同的合作伙伴，扩大激励产品范围，加大产品返点比例，简化激励政策，并通过售前专人计划提升人员能力
	关系维护	客户有什么问题，一个电话华为马上派人过去解决。即使不是华为设备的问题，工作人员也设法帮助解决。 华为持续简化伙伴政策和业务流程，让伙伴政策易于理解、执行、记忆且传播，让伙伴与华为的合作更简单
	制度约束	在《华为合作伙伴行为准则》中，提出一般法律遵从、劳工保护、政府客户和营销宣传及广告媒体等八个方面的法律条文
	正当行为	主要包含：如实提供资料，禁止收入造假、合法获取和使用竞争信息、配合华为审计等八大方面鼓励合作伙伴的正当商业行为

主要方面	影响因素	典型案例或措施
合作剩余分配	利益分配方式	华为云在商品底价的基础上抽成 10% 作为管理成本，其余 90% 归属"严选伙伴"；至于成交差价，则归属经销商；华为云自有销售团队如果销售"严选商品"，经销商的利润将同时被记入华为销售团队的业绩中，因此华为云的销售团队会非常乐于销售"别人的"产品。 从 2019 年开始，华为取消了销售返点的门槛，对合作伙伴赚取的每一美元进行奖励。 采取多种返点形式：基础返点、能力返点、战略项目运作 BIP（Business Incentive Program）等多样化渠道专项激励
	协调沟通机制	鼓励建立合作伙伴的合规管理体系。 合作伙伴之间层层传递或者制定不低于《合作伙伴行为准则》标准的规范。 严格约束自己员工的行为，遵守合作伙伴的商业行为准则。 制定投诉路径和保障实名举报人的合法权益

资料来源：《合作伙伴行为准则》和华为 2019 年生态大会资料。

网络组织合作初期，成员在沟通交流和相互信任上较欠缺，合作一般以委托代理的形式进行，此时按照委托代理理论指导合作剩余的分配。随着合作的深入，即合作中期或后期，彼此间沟通的频率加大，合作各方的信任程度增强，道德风险相对变低，网络各方向着协同发展状态靠近，此时网络组织成员的地位相对平等，可以按照完全竞争市场的行为指导合作剩余的分配。

虽然合作剩余在过去几十年受到了相当大的关注，但是合作剩余的分配问题还有很多问题亟待解决，还需要更多的实证验证本书所提的一些结论，并继续探索这些因素对网络组织演化的纵向影响。

5.7 本 章 小 结

本章提出了合作剩余的两阶段分配方法，构建了合作剩余分配的基本逻辑，从多角度全过程探讨了合作剩余分配的影响因素，设计了考虑合作的全过程及其扰动项的稳定性分配方法。首先，分配方法考虑了整体性、多阶段，属于系统化方法的一种构建；其次，扩展了合作剩余分配的逻辑体系，考虑了合作剩余分配的优化调整；再次，针对合作剩余分配的实现，提出了修正后的 Raiffa 值法并证明了优越性和实用价值，扩充了合作剩余分配方法的设计体系。最后，以华为公司为例讨论了网络组织的稳定、合作剩余的生成和分配。

第6章 促进合作剩余创造的策略：企业创新网络协同行为

本章从企业创新网络协同行为视角提出促进合作剩余创造的基本分析逻辑，综述现有文献，确定了对创新网络各主体协同行为的主要影响因素，利用演化博弈分析方法探究企业创新网络协同主体之间的协同演化行为，并从主体之间交易成本的降低、加强信任关系、提高协同意识、构建合理分配等方面给出促进策略。

6.1 引　　言

自熊彼特提出创新的概念以来，创新已经成为大到国家、小到企业等各级组织长远发展的核心战略目标（刘明广和李高扬，2012）。21世纪全球科技产业进入了前所未有的创新密集期，通过创新掌握行业发展的核心技术是企业在这个充满机遇和挑战的时代谋求持续发展、维护市场地位的不竭动力，而协同创新是企业面对技术复杂性、资源稀缺性和创新不确定性情况下实现创新目标的关键。随着对协同创新的深入研究，发现许多创新网络并没有取得预期的成功，并且其创新发展的稳定性也开始受到质疑。各创新主体作为经济个体来参与协同创新主要目的是取得超额利润，而超额利润取得的前提是各创新主体之间实现协同。协同的概念最早被安索夫（Ansoff，1957）提出：协同是两个及以上企业，彼此在资源共享的基础上共生互长的关系，是将各相对独立的个体进行汇总形成的企业群体的业务表现。协同创新是企业进行技术创新活动的新趋势，企业创新网络是由多个创新主体之间形成的一种长期、稳定的协同创新关系，通过充分整合创新资源，有效提高创新效率，进而推动技术创新的进程与企业的成长。

现阶段，企业创新网络的协同创新并没有取得预期的成功，主要是创新网络结构松散、创新主体之间缺少互动，彼此自成体系，这就无法很好地将创新资源进行有效整合而导致合作效率低下。当前，我国经济已经进入创新驱动的新常态（张敬文等，2017），客观上需要协同创新网络以整体力量促进技术创新，实现"整体大于部分之和"的协同效应。因此，进一步研究企业创新网络协同机理，找出企业创新网络中各创新主体间合作行为从不协同到协同，或者从协同到不协同的一般演化规律，对于提升企业创新网络协同具有重要的意义。

随着技术复杂性、技术创新不确定性的提高和创新技术的融合加剧，单个企业的创新能力已经无法适应现代经济社会急剧发展的需要，加上信息技术的快速发展，企业间合作也由地理位置的集聚已经变成空间集聚状态，体现在网络条件下的合作创新也日趋普遍化，也成为未来创新发展的必然态势。企业开始通过契约关系、合作网络、社会关系与企业、大学、科研机构、中介机构、政府、协会等联结交互形成动态化的虚拟创新网络，而创新网络协同是企业面对技术复杂性、资源稀缺性和创新不确定性情况下实现创新目标的关键，协同创新是企业进行技术创新活动的新趋势，企业创新网络是由多个创新主体之间形成的一种长期、稳定的协同创新关系，通过充分整合创新资源，有效提高创新效率，进而推动技术创新的进程与企业的成长。

对于创新网络协同研究已经取得一定的成果，陈劲和阳银娟（2012）认为，实现增值是协同创新的目的，协同创新是企业与协作伙伴为了实现技术创新的共同目的，而建立起来的一种新的关系模式。侯二秀和石晶（2015）通过理论研究与实践访谈相结合的方法对企业创新网络协同进行研究，指出协同是作为核心主体的企业，与其他组织机构建立合作创新的关系，以期实现创新资源互补、提高创新效率、最终实现超额收益。王婉娟和危怀安（2016）设计量表开展问卷调查，通过探索性因子分析和结构方程对各特征变量对协同创新能力的作用方向与作用力大小进行分析，厘清了创新网络对协同创新能力的影响机理。李洋等（2016）基于知识管理理论与创新生态观，通过案例分析和方差分析，探究了集群协同创新中知识生态位整合的内在机理，找出了集群知识网络协同创新的实现模式。郑胜华和池仁勇（2017）基于演化视角，通过归纳与演绎，研究了核心企业合作能力、创新网络与产业协同演化机理之间相互作用的演化过程和机理，认为三者之间不同的协同演化路径会受企业战略方向选择的影响。解雪梅（2011）基于协同学基本原理，找出了都市圈协同创新的序参量，分析了都市圈协同创新的自组织演化过程，剖析了其协同创新的内在机理。李俊华等（2012）通过文献梳理对区域创新网络的特征和主体功能进行了分析，研究了区域创新网络协同机制及其运行机理。

上述研究成果主要运用文献梳理、实际访谈、结构方程、案例分析等方法探讨了其协同创新网络构建及其协同的目的动机、对创新能力及创新绩效的影响、协同创新的内在机理、协同创新的实现模式等，但结合企业创新网络协同机理的成果仍然比较欠缺，已有的一些相关研究多以描述性研究和静态机理研究居多，而企业创新网络的协同是随着协同主体之间的交互作用而不断动态变化的，运用静态分析不足以充分提起其协同的机理。近些年兴起的演化博弈论不再将博弈双方模型化为超级理性而是有限理性的博弈方，对其博弈均衡的稳定状态与向这种稳定状态的动态收敛过程进行研究，这就为研究企业创新网络协同机理提供了一个新的可参考的研究视角。

演化博弈论是将博弈双方设定为有限理性的，对其博弈均衡的稳定状态与向这种稳定状态的动态收敛过程进行研究，为研究企业创新网络协同机理提供了新思路，于斌斌和余雷（2015）通过构建演化博弈模型分析集群企业技术创新模式选择的内在动态决策机理，并通过调查问卷进行了实证分析，该研究采用的演化博弈研究方法也为本书的研究提供了参考。张敬文等（2016）在分析战略性新兴产业集群的内涵、特征及创新主体之间互动关系的基础上，通过构建演化博弈模型探究了创新协同的发生机理及其动态演化过程，并提出了促进策略。华冬芳和蒋伏心（2016）运用演化博弈探究了技术转移活动中信任从低阶的认知信任到高阶情感型信任的动态演化过程。虽然上述研究同本研究的主要内容还是有些差异，但是其采用的演化博弈的研究方法可供借鉴。

因此，本书在构建企业创新网络协同行为理论模型的基础上，借鉴演化博弈分析过程的研究范式，提出企业创新网络的演化分析模型，探索企业创新网络协同演化的机理，在此基础上进行协同行为演化的路径分析，并提出提升企业创新网络协同的策略，以期为企业创新网络协同机理提供理论指导并进一步探索协同演化的深层次缘由。

6.2 企业创新网络主体间协同行为

6.2.1 企业创新网络的内涵

国内外学者们从不同视角给出了企业创新网络的不同理解。威廉姆森（Williamson, 1985）认为企业创新网络是一种合作制度，是核心企业与其他组织之间建立的相互信任、互惠互利的合作关系，也是一种新型的、高效的创新模式。弗里曼（Freeman, 1991）从制度视角出发，认为创新网络是一种制度安排，是企业在其发展过程中为了完成系统性的创新目标而形成的。美国哈佛大学教授波特（Porter, 1998）认为，企业创新网络是特定领域中相互联系的企业与企业间或者企业与其他组织机构在合作过程中逐渐形成的、稳定的、可持续的、具有竞争优势的集合体。西蒙（Simon, 2013）认为在动态环境下，组织可以通过组成异质性组织间网络，利用协同创新来实现创新的目的。蔡等（Tsai et al., 2012）认为在竞争环境下，跨组织、跨功能的协同合作是整合异质性知识、创造差异化产品，进而提升企业创新绩效的有效方式。

张伟峰（2009）认为企业创新网络是各种关系的总和，包括正式关系与非正式关系，是核心企业在与其他合作组织进行协作创新的过程中逐渐形成的。张宝建等（2011）也认为企业创新网络是各种关系的总和，是一定区域内的企业与合作伙伴在相互作用过程中建立的、具有本地根植性、相对稳定的、能够激发或促进创新的关系总和。阮平南等（2016）将企业创新网络定义为一种契约关系下的组织间合作网络，是核心企业为了实现创新目的而主动寻求合作伙伴，通过契约关系使创新主体之间进行连接交互而形成的组织间合作网络，网络内各创新主体之间进行创新资源共享、创新风险共担、创新收益共享。

结合以上企业创新网络的定义，本书认为企业创新网络是以企业为核心，以创新为目的，由政府、学校等多元创新主体构成的具有一定稳定性的网络组织形式。

6.2.2　企业创新网络各主体间的协同行为分析

企业创新网络协同需要创新主体之间实现创新资源的有效流动、充分共享与合理配置，而作为独立经济个体的创新主体之间从不协同到协同的过程中，彼此需要经历长期而反复的博弈过程。企业是创新网络的组织者、创新资源的拥有者与创新成果的享有者，高校和科研院所是前沿技术、科研成果与创新人才等异质性创新资源的所有者，企业、高校与科研院所构成了创新网络内的主要创新主体，共同开展创新活动。这三个主要创新主体在协同创新过程中除了需要整合各自的创新资源，还需要联合政府、金融机构、中介机构等相关辅体的协同支持，从整体上提高整个创新网络的创新能力。企业创新网络的发展在我国尚处于发展阶段，需要政府发挥政策引导与协调监督作用，营造有利于协同创新的宽松环境。中介、金融等服务机构，可以为企业创新网络提供资金支持、信息收集、专业服务等支持，以提高技术创新的效率。企业创新网络中各主体之间的协同行为如图6-1所示。

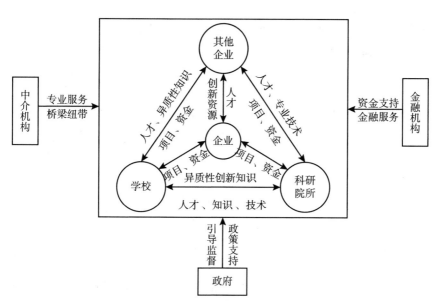

图6-1　企业创新网络协同行为理论模型

合作剩余生成机理与分配策略研究

6.3　企业创新网络协同行为的演化博弈分析

6.3.1　模型假设

由于企业创新网络所处环境复杂多变，具有多种不确定影响因素，导致主体在协同过程中的协同行为表现出动态性特点。在信息不对称的情况下，非完全理性的创新主体之间各自策略选择是无法确定的，系统最终也无法确定协同的最佳策略，因此做出如下简化假设：

假设1：在企业创新网络协同创新过程中，只考虑两类群体：企业与科研机构（将高校和科研院所统称为科研机构，或者学研机构）。在博弈过程中企业和科研机构都是有限理性的群体，且在某一时刻t，只有一个企业选择和一个科研机构进行协同博弈。因为彼此之间的策略选择和效用函数都是未知的，因此，在博弈初期，双方都无法确定自己的最佳策略。此时，企业和科研机构都需要不断地进行重复博弈，在反复的策略调整过程中找到系统的最优策略。

假设2：在协同创新过程中，1代表企业方，2代表科研机构，二者的策略组合都是｛协同，不协同｝，企业选择"协同"策略的概率为 $x(x \in [0, 1])$，科研机构选择"协同"策略的概率为 $y(y \in [0, 1])$，则企业和科研机构选择"不协同"的概率分别为 $1-x$，$1-y$。

假设3：当企业与科研机构都选择协同策略时，二者都会投入一定的创新资源，进行更深层次的交流与融合达成协同状态，假设进行协同创新的总成本为C，记企业的协同创新投入系数为 λ，科研机构的投入系数为 $1-\lambda$，按照"多劳多得"的分配原则，因此，各方的投入系数也是超额利润的分配系数。假设在企业创新网络协同状态下取得协同的超额收益R，且超额收益大于成本，即 $R > C$。

假设4：企业对科研机构的信任水平系数为 T_1，科研机构对企业的信任水平系数为 T_2，信任是企业创新网络的构成的基础和前提，有利于实现企业创新网络协同创新的目标，企业和科研机构在信任的基础上进行协同创新所取得的超额收益分别为 $\lambda T_1 R$，$(1-\lambda)T_2 R$。

假设5：企业和科研机构在协同创新过程中的交易成本分别为 C_1、C_2，在协同创新过程中，由于企业和科研机构之间需要进行频繁的沟通、协调等，合作基础虽然建立在信任的基础上，但是还是需要对对方进行一定的监督，这会产生一定的交易成本。则企业的总成本为 $\lambda C + C_1$，科研机构的总成本为 $(1-\lambda)C + C_2$。

假设6：在企业创新网络内，创新主体企业方与科研机构方不论是否选择协同策略，在一定时间内二者都始终处于合作状态。当企业或者科研机构都选择不协同策略时，企业创新网络无法实现协同，因此无法取得协同的超额收益，但是网络内的创新主体都能得到基本的合作收益，分别用 R_1（企业方基本收益）、R_2（科研机构方基本收益）；当企业和研究只有单方选择协同策略时，协同方付出协同创新成本，这时企业创新网络虽然可以实现部分协同，产生部分协同收益，但是协同效应并没有充分发挥，同样不能取得超额收益，并且这部分协同收益不足以弥补其协同创新成本。假设只有企业选择"协同"策略时，企业的单独协同收益为 P；只有科研机构选择"协同"策略时，科研机构的单独协同收益为 Q，并且 $P < \lambda C + C_1$，$Q < (1-\lambda)C + C_2$，即单独协同收益也是不足以支付投入成本的。

假设7：当企业和科研机构只有一方选择协同策略时，另一方"搭便车"的情况就会发生，由于存在"知识溢出效应"或者"技术溢出效应"，"搭便车"的那一方也会取得"搭便车"收益，假设都为 D，并且 $D < \min\{\lambda T_1 R, (1-\lambda)T_2 R\}$。

假设8：企业创新网络协同的顺利实现，还需要对协同主体进行激励与约束，而政府作为企业创新网络中的参与者，应当充分发挥其监督职能。政府在对博弈双方策略选择过程中起到监督作用，并对博弈双方行为选择进行引导和约束，对选择"不协同"的一方进行惩罚，为了弥补选择"协同"的一方，将选择"不协同"一方的罚金对"协同方"进行奖励，假设对不协同方的惩罚金额（也是协同方的奖励金额）为 F，且 $F < D$，即，对"搭便车"一方的惩罚金额高于其"搭便车"所获的收益。

6.3.2　模型构建

根据上述假设构建企业创新网络协同博弈的收益矩阵，如表 6 - 1

所示。企业创新网络协同博弈双方的博弈结果有四个组合，分别为（协同，协同）、（协同，不协同）、（不协同，协同）和（不协同，不协同）。特别指出，企业创新网络中协同主体的策略选择原则是基于总收益大于总成本的原则。

表 6 - 1　　　　　企业创新网络主体间协同行为博弈收益矩阵

企业科研机构	协同 y	不协同 1 - y
协同 x	S_{11}，S_{12}	S_{21}，S_{22}
不协同 1 - x	S_{31}，S_{31}	S_{41}，S_{41}

其中，

$S_{11} = \lambda T_1 R + R_1 - \lambda C - C_1$；$S_{12} = (1 - \lambda)T_2 R + R_2 - (1 - \lambda)C - C_2$；

$S_{21} = R_1 + P + F - \lambda C - C_1$；$S_{22} = R_2 + D - F$；

$S_{31} = R_1 + D - F$；$S_{32} = R_2 + Q + F - (1 - \lambda)C - C_2$；

$S_{41} = R_1$；$S_{42} = R_2$。

协同主体的企业选择"协同"与"不协同"的期望收益分别为 E_{1Y}、E_{1N}，则：

$E_{1Y} = yS_{11} + (1 - y)S_{21}$，

$E_{1N} = yS_{31} + (1 - y)S_{41}$。

同理，科研机构选择"协同"与"不协同"的期望收益分别为 E_{2Y}、E_{2N}，则：

$E_{2Y} = xS_{12} + (1 - x)S_{22}$，

$E_{2N} = xS_{32} + (1 - x)S_{42}$。

企业与科研机构的平均期望收益分别为 E_1、E_2，则：

$E_1 = xE_{1Y} + (1 - x)E_{1N}$，

$E_2 = yE_{2Y} + (1 - y)E_{2N}$。

根据复制动态理论可知每次博弈结束后，博弈方会以自己的历史结果或者相似条件下其他博弈方的策略选择为参考，考虑是否改变自己的策略选择。因此，在博弈过程中，选择某一种策略的成员比例是动态变化的，反映在复制动态方程中，就是在群体中使用该策略的个体在群体中所占比例的增长率要大于零。由复制动态方程的公式可以得出企业与科研机构的复制动态方程分别为：

$$M(x, y) = \frac{d_M}{d_t} = x(E_{1Y} - E_1) = x(1-x)(E_{1Y} - E_{1N}) = x(1-x)$$

$$[y(\lambda T_1 R - P - D) + P + F - \lambda C - C_1],$$

$$N(x, y) = \frac{d_N}{d_t} = y(E_{2Y} - E_2) = y(1-y)(E_{2Y} - E_{2N}) = y(1-y)[x((1-\lambda)$$

$$T_2 R - Q - D) + Q + F - (1-\lambda)C - C_2]_{\circ}$$

6.3.3　模型分析

1. 企业与科研机构协同行为的演化路径分析

由企业进行策略选择的复制动态方程 $M(x, y)$ 可知，当 $y = \frac{\lambda C + C_1 - P - F}{\lambda T_1 R - P - D}$ 时，$M(x, y) = 0$，对于所有的 x 都是稳定状态，即当科研机构选择协同的概率为 $y = \frac{\lambda C + C_1 - P - F}{\lambda T_1 R - P - D}$ 时，企业方无论进行哪种策略选择都是无差异的，其复制动态相位图见图 6 - 2（a）。当 $y \neq \frac{\lambda C + C_1 - P - F}{\lambda T_1 R - P - D}$ 时，令 $M(x, y) = 0$ 可以得到 x 的两个稳定状态 $x = 0$ 和 $x = 1$。当 $y > \frac{\lambda C + C_1 - P - F}{\lambda T_1 R - P - D}$ 时，此时 $M(x, y) > 0$，$x = 1$ 是 x 的稳定状态，且 $E_{1Y} - E_1 > 0$，意味着企业选择"协同"策略的期望收益大于其平均期望收益，因此具有有限理性的企业会选择协同的概率为 $x = 1$，其复制动态相位图见图 6 - 2（b）。当 $y > \frac{\lambda C + C_1 - P - F}{\lambda T_1 R - P - D}$ 时，$M(x, y) < 0$，且 $E_{1Y} - E_1 < 0$，即企业选择"不协同"的期望收益大于其平均期望收益，此时，企业选择"不协同"策略的概率为 $1 - x = 1$，即 $x = 0$ 是 x 的稳定状态。即使初始状态是 $x = 1$，由于其期望收益小于平均期望收益，受利益驱使企业会通过"试错"学习的形式去尝试选择"不协同"策略，并最终在 $x = 0$ 处达到稳定。此时企业的复制动态相位图见图 6 - 2（c）。

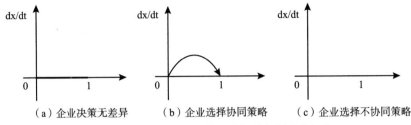

（a）企业决策无差异　　（b）企业选择协同策略　　（c）企业选择不协同策略

图 6 - 2　企业协同行为策略选择的复制动态相位

同理可得，当 $x = \dfrac{(1-\lambda)C + C_2 - P - Q}{\lambda T_2 R - Q - D}$ 时，$N(x, y) = 0$，对于所有的 y 都是稳定状态，即当科研机构选择协同的概率为 $x = \dfrac{(1-\lambda)C + C_2 - P - Q}{\lambda T_2 R - Q - D}$ 时，科研机构无论进行哪种策略选择都是无差异的，其复制动态相位图见图 6 - 3（a）。当 $x \neq \dfrac{(1-\lambda)C + C_2 - P - Q}{\lambda T_2 R - Q - D}$ 时，令 $N(x, y) = 0$ 可以得到 y 的两个稳定状态 $y = 0$ 和 $y = 1$。当 $x > \dfrac{(1-\lambda)C + C_2 - P - Q}{\lambda T_2 R - Q - D}$，$y = 1$ 是科研机构协同行为策略选择的稳定状态，其选择"协同"的概率为 $y = 1$，其复制动态相位图见图 6 - 3（b）。当 $x < \dfrac{(1-\lambda)C + C_2 - P - Q}{\lambda T_2 R - Q - D}$ 时，科研机构选择"不协同"策略的概率为 $1 - y = 1$，即 $y = 0$ 是 y 的稳定状态。也就是说，即使初始状态是 $y = 1$，由于其期望收益小于平均期望收益，受到利益驱使，科研机构也会通过"试错"形式尝试选择"不协同"策略，并最终在 $y = 0$ 处达到稳定。此时科研机构的复制动态相位图见图 6 - 3（c）。

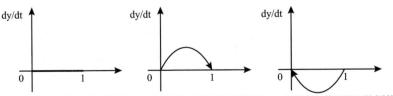

（a）科研机构决策无差异　　（b）科研机构选择协同策略　　（c）科研机构选择不协同策略

图 6 - 3　科研机构协同行为策略选择的复制动态相位

2. 基于企业和科研机构的混合策略演化分析

基于对企业和科研机构复制动态方程的分析可知，二者在不同条件下分别有 3 种演化的稳定策略，可得企业和科研机构双方策略演化组成的复制动态方程组为：

$$\begin{cases} M(x, y) = \dfrac{d_M}{d_t} = x(E_{1Y} - E_1) = x(1-x)(E_{1Y} - E_{1N}) = 0 \\ N(x, y) = \dfrac{d_N}{d_t} = y(E_{2Y} - E_2) = y(1-y)(E_{2Y} - E_{2N}) = 0 \end{cases}$$

当 $0 \leqslant x \leqslant 1$ 且 $0 \leqslant y \leqslant 1$ 时可以得到演化博弈的均衡点：$A(0, 0)$，$B(0, 1)$，$C(1, 0)$，$D(1, 1)$，$O(K_1, K_2)$，其中 $K_1 = \dfrac{(1-\lambda)C + C_2 - P - Q}{\lambda T_2 R - Q - D}$，$K_2 = \dfrac{\lambda C + C_1 - P - F}{\lambda T_1 R - P - D}$。通过雅可比矩阵局部稳定性分析可以对企业与科研机构协同均衡点的稳定性进行分析，可以得到协同的雅可比矩阵 J 为：

$$\begin{bmatrix} (1-2x)[y(\lambda T_1 R - P - D) + P + F - \lambda C - C_1] & x(1-x)(\lambda T_1 R - P - D) \\ y(1-y)[(1-\lambda)T_2 R - Q - D] & W \end{bmatrix}$$

$$W = (1-2y)\{x[(1-\lambda)T_2 R - Q - D] + Q + F - (1-\lambda)C - C_2\}$$

通过计算该雅可比矩阵的行列式（$\det J$）和秩（$tr J$）的正负号可以对 5 个均衡点的稳定性进行分析，结果如表 6-2 所示，企业和科研机构的混合策略演化过程中存在 5 个局部平衡点，其中 $A(0, 0)$、$D(1, 1)$ 为协同主体行为演化稳定策略（ESS）。当企业和科研机构至少有一方的协同期望收益小于其协同支付成本时，也就是表 6-2 中的情况一、情况二和情况三，无论初始位置在哪里，协同主体行为均会在 $A(0, 0)$ 点也就是"不协同"策略达到稳定状态，其协同行为演化相位图见图 6-4。当企业和科研机构的协同期望收益均大于其协同支付成本时，同时存在两个稳定点 $A(0, 0)$ 和 $D(1, 1)$，其协同行为演化相位图见图 6-5。

表 6 – 2　　　　　　　　　　　均衡点稳定性分析

均衡点	情况一： $\lambda T_1 R > \lambda C + C_1$, $(1-\lambda)T_2 R < (1-\lambda)C + C_2$			情况二： $\lambda T_1 R < \lambda C + C_1$, $(1-\lambda)T_2 R < (1-\lambda)C + C_2$			情况三： $\lambda T_1 R < \lambda C + C_1$, $(1-\lambda)T_2 R > (1-\lambda)C + C_2$			情况四： $\lambda T_1 R > \lambda C + C_1$, $(1-\lambda)T_2 R > (1-\lambda)C + C_2$		
	detJ	trJ	稳定性分析	detJ	trJ	稳定性分析	detJ	trJ	稳定性分析	detJ	trJ	稳定性分析
$A(0, 0)$	+	−	ESS	+	−	ESS	+	−	ESS	+	−	ESS
$B(0, 1)$	−	N	不稳定	+	+	不稳定	−	N	不稳定	+	+	不稳定
$C(1, 0)$	−	N	不稳定	−	N	不稳定	+	+	不稳定	+	+	不稳定
$D(1, 1)$	+	+	不稳定	−	N	不稳定	N		不稳定	+	−	ESS
$O(K_1, K_2)$										−	0	鞍点

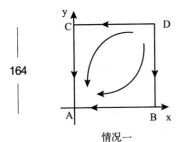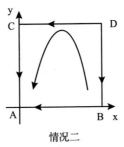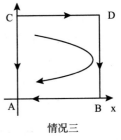

图 6 – 4　协同主体至少一方协同期望收益小于协同成本时其协同行为演化相位

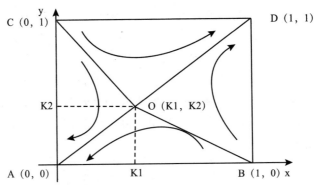

图 6 – 5　协同主体双方协同期望收益均大于协同成本时其协同行为演化相位

从图 6 - 4 可以看到，A(0，0) 和 D(1，1) 为企业与科研机构协同行为演化的两个局部稳定点，C(1，0) 和 D(1，1) 是局部不稳定点，也是企业与科研机构协同行为演化的出发点，O(K₁，K₂) 点为鞍点。协同主体行为演化的稳定点由初始位置决定，BOC 为初始状态的"分界线"，当初始状态位于 ABOC 区域时，系统最终收敛于 A(0，0) 点，也就是说，当协同主体一方选择"协同"策略的概率比较小的情况下，协同主体另一方就会选择"不协同"策略，最终使系统无法实现协同，协同主体行为演化的稳定策略为（不协同，不协同）。当初始状态位于 COBD 区域时，系统最终收敛于 D(1，1) 点，也就是说当协同主体一方选择"协同"策略的概率比较大的情况下，如果另一方的协同主体认为参与协同可以获得额外收益，其会选择"协同"策略，协同主体行为演化的稳定策略为（协同，协同）。

由图 6 - 4 可知，企业创新网络内协同主体之间实现协同的概率由 ABOC 和 BOCD 的面积决定，如果 $S_{ABOC} > S_{BOCD}$，那么协同主体更倾向去选择"不协同"策略，反之，当 $S_{ABOC} < S_{BOCD}$ 时，协同主体选择"协同"策略的概率大于其选择"不协同"策略的概率。维持企业创新网络协同的状态，应尽量扩大 BOCD 的面积，其中 $S_{BOCD} = 1 - \frac{1}{2} \left[\frac{(1-\lambda) C + C_2 - Q - F}{(1-\lambda) T_2 R - Q - D} + \frac{\lambda C + C_1 - P - F}{\lambda T_1 R - P - D} \right]$，根据上述研究，可以得到以下命题：

命题 6.1　主体参与协同的前提是协同收益大于协同成本。

由表 6 - 2 的局部稳定性分析和图 6 - 3 的相位图分析可以看到，当博弈双方协同期望收益小于其要付出协同成本时，双方最终都会选择"不协同"策略。对 S_{BOCD} 分别对协同收益 R、协同投入成本 C、企业协同交易成本 C_1、科研机构协同交易成本 C_2 的偏导数可得：

$$\frac{\partial S_{BOCD}}{\partial R} = \frac{1}{2} \left\{ \frac{(1-\lambda) [(1-\lambda)C + C_2 - Q - F]}{(1-\lambda) T_2 R - Q - D} + \frac{\lambda(\lambda C + C_1 - P - F)}{\lambda T_1 R - P - D} \right\} > 0$$

$$(6-1)$$

$$\frac{\partial S_{BOCD}}{\partial C} = -\frac{1}{2} \left(\frac{(1-\lambda)}{(1-\lambda) T_2 R - Q - D} + \frac{\lambda}{\lambda T_1 R - P - D} \right) < 0 \qquad (6-2)$$

$$\frac{\partial S_{BOCD}}{\partial C_1} = -\frac{1}{2} \frac{\lambda}{\lambda T_1 R - P - D} < 0 \qquad (6-3)$$

165

$$\frac{\partial S_{BOCD}}{\partial C_2} = -\frac{1}{2}\frac{1}{(1-\lambda)T_2R-Q-D} < 0 \qquad (6-4)$$

因此，S_{BOCD} 是 R 的单调增函数，是 C、C_1、C_2 的单调减函数。当 R 逐渐增大时，系统会朝着"协同"的方向演化，即企业创新网络协同收益越高，协同主体双方选择"协同"策略的概率越大；S_{BOCD} 随着协同成本的增加而逐渐减小，致使系统朝着"不协同"演化概率增大。即协同主体选择"协同"策略的概率会随着协同收益的增加而增大，随着协同成本的增加而减小。

命题6.2　主体之间的信任程度会影响协同主体的策略选择。

协同主体选择协同的概率会随着对对方的信任程度的增加而增大。对 S_{BOCD} 分别求企业对科研机构的信任水平 T_1、科研机构对企业的信任水平 T_2 的偏导数：

$$\frac{\partial S_{BOCD}}{\partial T_1} = \frac{1}{2}\frac{\lambda(\lambda C + C_1 - P - F)}{\lambda T_1 R - P - D} > 0 \qquad (6-5)$$

$$\frac{\partial S_{BOCD}}{\partial T_2} = \frac{1}{2}\frac{(1-\lambda)[(1-\lambda)C + C_2 - Q - F]}{(1-\lambda)T_2R - Q - D} > 0 \qquad (6-6)$$

由此可见，S_{BOCD} 是 T_1、T_2 的单调增函数，S_{BOCD} 会随着协同主体间的信任系数的增大而增大，因此，提高协同主体间的信任水平系数，将彼此之间的弱联结转换为强联结，可以促使系统朝着协同方向演化。即协同主体双方选择"协同"策略的概率会随着彼此间信任程度的增加而增大。

命题6.3　对机会主义行为的态度会影响整体协同状态的实现。

加大对机会主义行为的惩罚力度、降低"搭便车"的收益、提高对选择"协同"策略的协同主体的奖励都会促使系统朝着协同方向演化。对 S_{BOCD} 分别对 F（采取机会主义行为的罚金）、D（"搭便车"获取的收益）以及 P、Q（企业与科研机构单方选择"协同"策略时分别获取的收益）求偏导数可得：

$$\frac{\partial S_{BOCD}}{\partial F} = \frac{1}{2}\Big[\frac{(1-\lambda)C + C_2 - Q}{(1-\lambda)T_2R - Q - D} + \frac{\lambda C + C_1 - P}{\lambda T_1 R - P - D}\Big] > 0 \qquad (6-7)$$

$$\frac{\partial S_{BOCD}}{\partial D} = \frac{1}{2}\Big\{\frac{(1-\lambda)C + C_2 - Q - F}{[(1-\lambda)T_2R - Q - D]^2} + \frac{\lambda C + C_1 - P - F}{(\lambda T_1 R - P - D)^2}\Big\} < 0 \qquad (6-8)$$

$$\frac{\partial S_{BOCD}}{\partial P} = \frac{1}{2}\frac{\lambda T_1 R + F - D - \lambda C - C_1}{(\lambda T_1 R - P - D)^2} > 0 \qquad (6-9)$$

$$\frac{\partial S_{BOCD}}{\partial Q} = \frac{1}{2} \frac{(1-\lambda)T_2R + F - D - (1-\lambda)C - C_2}{[(1-\lambda)T_2R - Q - D]^2} > 0 \qquad (6-10)$$

由此可见，S_{BOCD} 是 F、P、Q 的单调增函数，是 D 的单调减函数，意味着随着 F、P、Q 的增大，BOCD 的面积也在增大，即系统向着协同演化的概率增大；随着 D 的增大，BOCD 面积在减小，即系统向协同演化的概率在降低。因此，当协同主体有一方选择"搭便车"行为时，增大处罚力度、降低"搭便车"收益、提高对单方选择"协同"策略主体的收益都可以提高协同主体的协同意愿，进而促使系统向协同方向演化。

命题6.4　合理的分配方式（系数）可以促使各主体选择"协同"策略的概率最大。

假设其他因素固定不变的情况下，对企业创新网络协同收益的分配系数 λ 进行分析，对 S_{BOCD} 求 λ 的二阶偏导可得：

$$\frac{\partial S_{BOCD}}{\partial \lambda} = \frac{1}{2}\left\{ \frac{T_2R(Q + F - C_2) - C(Q + D)}{[(1-\lambda)T_2R - Q - D]^2} \right.$$
$$\left. - \frac{T_1R(P + F - C_1) - C(P + D)}{(\lambda T_1R - P - D)^2} \right\} \qquad (6-11)$$

$$\frac{\partial S_{BOCD}}{\partial \lambda^2} = -\frac{T_2{}^2R^2(Q + F - C_2) - T_2RC(Q + D)}{[(1-\lambda)T_2R - Q - D]^3}$$
$$- \frac{T_1{}^2R^2(P + F - C_1) - T_1RC(P + D)}{(\lambda T_1R - P - D)^3} < 0 \qquad (6-12)$$

由 $\frac{\partial S_{BOCD}}{\partial \lambda^2} < 0$ 可知，S_{BOCD} 存在极大值，令 $\frac{\partial S_{BOCD}}{\partial \lambda} = 0$ 可得

$\frac{T_2R(Q + F - C_2) - C(Q + D)}{[(1-\lambda)T_2R - Q - D]^2} = \frac{T_1R(P + F - C_1) - C(P + D)}{(\lambda T_1R - P - D)^2}$，也就是说

S_{BOCD} 在 $\frac{T_2R(Q + F - C_2) - C(Q + D)}{[(1-\lambda)T_2R - Q - D]^2} = \frac{T_1R(P + F - C_1) - C(P + D)}{(\lambda T_1R - P - D)^2}$ 时取

得极大值，此时协同主体双方都选择"协同"策略的概率最大。因此，在其他因素固定不变的前提下，存在最佳的分配系数可以促使协同主体选择"协同"策略的概率最大。

6.4　企业创新网络协同促进策略

6.4.1　提高协同预期收益，降低交易成本

由命题6.1可知，当协同主体选择"协同"策略的期望收益小于其需要付出的成本时，最终都会选择"不协同"策略。由式（6-1）可知，在其他参数一定的情况下，协同主体预期的协同收益越高，系统收敛于（协同，协同）策略组合的概率越高。因此，在进行协同创新之前，创新主体之间一定要进行充分的沟通和协调，共同制定创新目标，对协同预期收益的期盼会促使创新主体参与协同，而在协同创新活动取得初步收益时，创新主体在创新收益的激励下还会继续选择协同，以此形成良性循环。

由式（6-2）、式（6-3）、式（6-4）可知，协同创新过程中的成本投入在一定程度上决定了各创新主体选择协同的积极性。协同创新过程中，除了正常的创新投入成本外，创新主体之间还存在沟通成本、协调成本和监督成本等交易成本。

首先，政府通过宏观引导和信誉保障，可以使创新主体站在更高的战略视角以整个创新网络的利益和发展进行决策，进而有利于降低创新主体的决策成本；政府加强对机会主义行为的监督，可以降低创新主体之间的道德风险和机会主义行为，也有利于降低创新主体对彼此的监督成本。其次，中介机构的参与可以为协同创新提供专业化信息和服务，有效提高创新效率，从侧面降低交易成本。最后，建立顺畅的沟通平台不仅可以有效减少创新主体之间的沟通成本，还能有效减少彼此之间的误解，减少协调成本；频繁沟通还能增进彼此信任，减少道德风险的发生，降低监督成本。

6.4.2　加强信任关系，降低创新风险

由命题6.2可知，协同主体之间的信任程度会影响协同主体的策略选择，最终影响系统协同的实现。克里德和迈尔斯（Creed & Miles，

1996）将组织间信任概括为，嵌入倾向、特性相似、互惠经历。信任是具有不同文化和背景的创新主体之间进行合作与协同的基础，也是企业创新网络内"隐性契约"实行的保障，因而创新主体之间信任的缺乏通常被认为是阻碍协同合作的绊脚石。

信任机制作为协同机制的一个重要组成部分，在组织行为过程中发挥的主要作用表现为：减少交易费用、降低机会主义和促进创新资源共享。企业创新网络的信任机制是企业创新网络各节点在长期的、重复性的互动博弈、相互依赖性极强的产业分工以及相互的了解和频繁的沟通中建立的。它是网络实现协同的基础，有效地促进各主体间的高效协作与有序分工，确保各主体获得网络剩余。组织信任是网络的运作逻辑或治理机制，建立在组织间的人际关系之上的信任机制，通过人际关系的强纽带形成的共同价值观与道德观，并通过社会关系形成的制约和集体身份认同，促使大家去履行承诺，尽量避免机会主义行为发生。

6.4.3　惩罚机会主义行为，奖励选择"协同"策略的主体

由命题 6.3 可知，加大对机会主义行为的惩罚力度、降低"搭便车"的收益、提高对选择"协同"策略的协同主体的奖励都会促使系统朝着协同方向演化。

创新主体的机会主义行为主要是指在协同创新过程中，创新主体不想对协同创新做出贡献，而是希望通过其他协作伙伴的努力，获取部分溢出收益，从而产生"搭便车"的现象。这种行为会直接损害协同者的利益，打击协同者下次继续选择"协同"策略的积极性。由式（6-7）、式（6-8）、式（6-9）和式（6-10）可知，当创新主体出现机会主义行为会得到一定的"搭便车"收益，这部分收益会对这种行为产生正效应，使创新主体继续选择"搭便车"的行为得到鼓励；而对机会主义行为进行惩罚，可以抑制"搭便车"现象发生的概率，另外对"协同"策略选择的主体进行收益的奖励也会增加协同主体选择"协同"策略的意愿。因此，为促使系统向着协同方向演化，应当建立一定的监督机制，在合作初期各创新主体之间必须明确彼此的责任和权利和需要共同遵守的"奖罚规则"，对违反"规则"的一方应当给予严厉的惩罚，通过增加协同主体的"违约成本"增加其协同行

为的约束力，可有效减少机会主义行为，避免"搭便车"现象的发生，进而维持企业创新网络协同状态的稳定。

6.4.4　合理分配收益，提高协同意识

由命题 6.4 可知，存在最佳的分配系数可以促使协同主体选择"协同"策略的概率最大。协同意愿表现在创新主体参与协同的主动性，是企业创新网络实现协同的前提。创新主体的协同意愿越强，越有利于主体之间的沟通、交流，促进创新资源的共享，进而减少交易成本，提升协同效应。而创新主体参与协同的积极性会受到协同超额收益的合理分配的影响。企业创新网络是由多个独立经济主体构成的，虽然彼此之间构成了合作关系，但是彼此的目标和利益不尽相同，在企业创新网络发展过程中，必然会涉及整体利益和自身利益分配的合理性问题，即网络内的企业不仅关心网络的整体利益，而且关注自身所能分配到的收益。所以协同超额收益的分配始终是创新主体所关注的问题，不公分配还会影响企业创新网络的稳定性和创新效率。企业创新网络协同超额收益的分配也是一个反复的协调的过程，协调过程中各创新主体之间不可避免会产生一些利益冲突，但企业创新网络应根据各创新主体在协同创新过程中创新投入情况以及风险承担水平等因素的总和考虑下，构建一个合理、公平、多赢的分配机制，提升企业创新网络创新主体参与协同的积极性，是各创新主体间实现协同的保障。

由协同效应产生的超额收益的分配问题一直是协同创新的核心问题，如何保障企业创新网络的长期协同和稳定发展，关键在于超额收益的分配情况。创新主体参与协同创新的原动力是获取利益，多个独立经济主体参与协同创新的目的和利益不尽相同，在协同创新过程中，各创新主体不仅关心网络的整体利益，而且关注自身所能分配到的收益。因此，只有达到均衡状态的利益分配才能被大家所接受，不公平分配还会影响企业创新网络的稳定性和创新效率。命题 6.4 对于企业创新网络协同优化中已经分析到，存在最佳的分配系数可以促使博弈双方选择"协同"策略概率最大。因此，应当充分考虑各创新主体在协同创新过程中的贡献率，坚持"公平与效率相统一"的思想制定构建一个合理、公平、多赢的分配机制。

第7章　结论与展望

网络组织的竞争优势主要表现为合作剩余的生成和分配，因而合作剩余的生成和分配是保障网络组织稳定性的关键。本书主要从网络组织的不稳定性的原因、合作剩余生成和分配与稳定性的关系、合作剩余的生成机理、合作剩余的分配策略、典型网络组织类型提高合作剩余创造的方法等方面进行了研究，得出了如下结论：

（1）从个体理性与集体理性相冲突的视角，提出网络组织不稳定的原因并利用演化博弈方法进行了验证，在此基础上提出合作剩余和稳定性的逻辑结构。结果表明合作关系、合作剩余分配、资源互补度等因素影响着个体理性和集体理性的选择，基于不同前提条件的分析，给出网络组织成员都收敛与集体理性或者个体理性的状态，并对不收敛的情形进行了解释和分析。厘清了"个体理性与集体理性冲突"和"合作剩余生成与分配"的关联，从而建立了稳定性与合作剩余生成与分配的逻辑结构。在上述个体理性与集体理性条件分析框架基础上，设计满足理性条件的合作剩余分配的理论模型，进一步提高网络组织的稳定性。

（2）提出基于资源—关系—治理的合作剩余生成影响因素的三维框架，利用系统动力学方法揭示了合作剩余的生成机理。结果表明：获取互补资源和能力是合作剩余形成的主要原因，关系资产投资是合作剩余生成过程的纽带，有效治理机制是合作剩余生成的重要保障。信任度、知识共享和合作剩余分配、网络能力、投机行为等分别对合作剩余的生成起到重要作用。

（3）提出了基于稳定性的合作剩余分配策略。依据合作剩余的生成机理，从合作剩余生成过程和稳定性两个方面入手，提出了合作剩余的两阶段分配策略。理论上证明了方法的合理性和数学分析性质，满足了网络组织稳定性的目标要求，满足了决策者的行为偏好，算例也验证了方法的实用性。

（4）提出了企业创新网络协同行为提升策略。企业只有通过创新掌握行业内领先技术才能谋求持续的发展，构建企业创新网络进行协同创新是企业克服资源稀缺、技术复杂实现创新目标的有效途径，主体间协同是企业创新网络实现可持续性与稳定性的基本前提。

由于研究的时间和能力有限，本书研究还有一些非常有价值的工作还有待于进一步深入研究：

（1）合作剩余的生成机理还需要继续探索，本书研究聚焦于合作剩余生成因素之间的因果关系分析，进行了仿真实验。但由于企业间合作的相关数据难以获取，因此实证是论文的薄弱环节，后续需要加强数据的获取并进一步研究相关规律，以弥补与实际经济活动问题研究的差距。未来的研究也可以引入系统生态学观点做进一步的生态演化规律挖掘。

（2）合作剩余的分配研究还需要进一步分析。现有研究聚焦于共同目标下的分配规则设定，然后提出对应的分配实现方法并论证可行性。但当目标发生改变时，分配规则随着发生改变，此时采用什么类型的分配策略还需要进一步调整，也是下一步研究的方向。

（3）网络组织治理研究包含的范围非常广泛，涉及的问题异常复杂。一方面需要研究治理机制与网络组织绩效的关系，比如强关系、弱关系、信任过度、知识锁定、关系惯例等，还需要进一步研究；另一方面，网络组织治理一般设定满足集体理性和个体理性，或者个体理性最终趋向于集体理性，但实质上很难同时满足两种理性，因此继续探索网络组织治理的理性条件及其保障措施，也是下一步研究的重点。

参 考 文 献

［1］曹霞、于娟：《产学研合作创新稳定性研究》，载于《科学学研究》2014 年第 33 卷第 4 期。

［2］陈赤平：《企业合作剩余的创造、分配与企业组织均衡》，载于《南京政治学院学报》2007 年第 6 期。

［3］陈劲、阳银娟：《协同创新的理论基础与内涵》，载于《科学学研究》2012 年第 2 期。

［4］程政：《基于稳定性的网络化制造利润分配研究》，兰州大学，2012。

［5］董小英、胡燕妮、晏梦灵：《从追赶到领先——华为战略升级与转型路径解析》，载于《清华管理评论》2019 年第 11 期。

［6］董媛媛、王宏起：《基于系统动力学 R&D 联盟知识转移行为研究》，载于《情报科学》2014 年第 32 卷第 6 期。

［7］段云龙、张新启、余义勇：《产业技术创新战略联盟稳定性影响因素研究》，载于《经济问题探索》2019 年第 39 卷第 2 期。

［8］樊利钧：《基于资源共享的价值网企业合作创造价值机理研究》，浙江大学，2011。

［9］范建红、蒋念、卢彦丞：《联盟能力影响战略联盟知识转移的系统动力学分析》，载于《中央财经大学学报》2016 年第 12 期。

［10］范文礼、刘志刚：《一种基于效率矩阵的网络节点重要度评价算法》，载于《计算物理》2013 年第 30 卷第 4 期。

［11］高霞、陈凯华：《合作创新网络结构演化特征的复杂网络分析》，载于《科研管理》2014 年第 36 卷第 6 期。

［12］郭长宇：《虚拟企业组织场研究》，哈尔滨工业大学，2007。

［13］韩忠明、吴杨、谭旭升等：《社会网络结构洞节点度量指标比较与分析》，载于《山东大学学报》（工学版）2014 年第 44 卷第 1 期。

[14] 侯二秀、石晶：《企业协同创新的动力机制研究综述》，载于《中国管理科学》2015 年第 S1 期。

[15] 胡石清：《社会合作中利益如何分配？——超越夏普利值的合作博弈"宗系解"》，载于《管理世界》2018 年第 34 卷第 6 期。

[16] 华冬芳、蒋伏心：《技术转移中的信任生成机理研究》，载于《南京社会科学》2016 年第 9 期。

[17] 黄少安：《经济学研究重心的转移与"合作"经济学构想》，载于《经济研究》2000 年第 4 期。

[18] 黄少安、张苏：《人类的合作及其演进研究》，载于《中国社会科学》2013 年第 7 期。

[19] 贾根良：《产学研网络：超越市场与企业两分法》，载于《经济社会体制比较》1998 年第 4 期。

[20] 姜启源、谢金星、叶俊：《数学模型》（第四版），高等教育出版社 2011 年版。

[21] 李俊华、王耀德、程月明：《区域创新网络中协同创新的运行机理研究》，载于《科技进步与对策》2012 年第 13 期。

[22] 李维安等：《产学研网络：组织发展新趋势》，经济科学出版社 2003 年版。

[23] 李维安、李勇建、石丹：《供应链治理理论研究：概念、内涵与规范性分析框架》，载于《南开管理评论》2016 年第 19 卷第 1 期。

[24] 李维安、林润辉、范建红：《网络治理研究前沿与述评》，载于《南开管理评论》2014 年第 17 卷第 4 期。

[25] 李洋、欧光军、雷霖：《基于知识生态位整合的高技术产业集群协同创新机理研究》，载于《企业经济》2016 年第 9 期。

[26] 李玥：《产业技术创新战略联盟稳定性机制研究》，太原理工大学，2019。

[27] 林润辉、张红娟、范建红：《基于产学研网络的协作创新研究综述》，载于《管理评论》2013 年第 24 卷第 6 期。

[28] 刘国巍：《产学研合作创新网络时空演化模型及实证研究——基于广西 2000—2013 年的专利数据分析》，载于《科学学与科学技术管理》2014 年第 36 卷第 4 期。

[29] 刘佳、王先甲：《网络博弈合作剩余收益分配的协商方法》，

载于《系统工程理论与实践》2019年第39卷第11期。

[30] 刘明广、李高扬：《产学研合作创新的演化博弈分析》，载于《工业技术经济》2012年第10期。

[31] 刘雪梅：《联盟组合：价值实现及治理机制研究》，西南财经大学，2013年。

[32] 刘颖、陈良华、马小勇：《供应链收益分配驱动机理及其系统仿真研究——基于维度拓展与动力观视角》，载于《商业经济与管理》2014年第10卷。

[33] 彭珍珍、顾颖、张洁：《动态环境下联盟竞合、治理机制与创新绩效的关系研究》，载于《管理世界》2020年第36卷第3期。

[34] 阮爱清、徐霄峰：《基于集群租金的产业集群生命周期研究》，载于《统计与决策》2009年第6期。

[35] 阮平南等：《基于组织演化的战略网络稳定性研究》，江西高校出版社2014年版。

[36] 阮平南、魏云凤、张国红：《企业创新网络创新协同影响因素研究》，载于《科技管理研究》2016年第21期。

[37] 邵云飞、欧阳青燕、孙雷：《社会网络分析方法及其在创新研究中的运用》，载于《管理学报》2009年第6卷第9期。

[38] 史文雷、魏云凤、阮平南：《产学研网络合作剩余分配方法的模型设计——基于个体理性和集体理性的辨析》，载于《管理现代化》2019年第39卷第4期。

[39] 孙凤娥：《模块化产学研网络租金分配研究》，载于《中国工业经济》2013年第11期。

[40] 孙国强：《产学研网络理论与治理研究》，经济科学出版社2016年。

[41] 孙国强：《关系、互动与协同：产学研网络的治理逻辑》，载于《中国工业经济》2003年第11期。

[42] 孙国强、王燕芳、吉迎东：《网络权力演化理论回顾与展望》，载于《华东经济管理》2018年第32卷第3期。

[43] 孙红霞、张强：《基于势函数的企业联盟收益分配策略》，载于《系统工程学报》2018年第33卷第6期。

[44] 孙耀吾、顾荃、翟翌：《高技术服务创新网络利益分配机理

与仿真研究——基于 Shapley 值法修正模型》，载于《经济与管理研究》2014 年第 6 期。

[45] 王兵：《复杂网络的节点重要性度量算法研究》，南京邮电大学，2014 年。

[46] 王明国：《全球互联网治理的模式变迁、制度逻辑与重构路径》，载于《世界经济与政治》2014 年第 3 期。

[47] 王珊珊、邓守萍、Sarah Yvonne Cooper 等：《华为公司专利产学研合作：特征、网络演化及其启示》，载于《科学学研究》2018 年第 36 卷第 4 期。

[48] 王婉娟、危怀安：《创新网络对协同创新能力的影响机理研究——基于国家重点实验室的实证调研》，载于《软科学》2016 年第 2 期。

[49] 王玉玲、程瑜：《个体理性与集体非理性：边界、均衡及规制》，载于《财贸研究》2014 年第 26 卷第 1 期。

[50] 解学梅：《都市圈协同创新机理研究：基于协同学的区域创新观》，载于《科学技术哲学研究》2011 年第 1 期。

[51] 于斌斌、余雷：《基于演化博弈的集群企业创新模式选择研究》，载于《科研管理》2015 年第 4 期。

[52] 于唤洲：《企业间关系组织研究》，北京工业大学，2010 年。

[53] 余维新、熊文明、黄卫东等：《创新网络关系治理对知识流动的影响机理研究》，载于《科学学研究》2020 年第 38 卷第 2 期。

[54] 原毅军、田宇、孙佳：《产学研技术联盟稳定性的系统动力学建模与仿真》，载于《科学学与科学技术管理》2013 年第 34 卷第 4 期。

[55] 詹宏伟：《个体理性与集体理性的冲突与和解——兼论我国转变发展方式的一条独特途径》，载于《甘肃理论学刊》2014 年第 1 期。

[56] 詹坤、邵云飞、唐小我：《联盟组合治理的动态契合与设计研究》，载于《软科学》2019 年第 33 卷第 2 期。

[57] 张宝建、胡海青、张道宏：《企业创新网络的生成与进化——基于社会网络理论的视角》，载于《中国工业经济》2011 年第 4 期。

[58] 张敬文、李晓园、徐莉：《战略性新兴产业集群协同创新发

生机理及提升策略研究》，载于《宏观经济研究》2016 年第 11 期。

　　［59］张敬文、王丹、于深：《联盟组合开放度、非正式独占性机制与开放式创新绩效——基于战略性新兴产业数据的实证分析》，载于《宏观经济研究》2020 年第 1 期。

　　［60］张敬文、吴丽金、喻林等：《战略性新兴产业集群知识协同行为及促进策略研究》，载于《宏观经济研究》2017 年第 10 期。

　　［61］张维迎：《博弈论与信息经济学》，格致出版社 2012 年版。

　　［62］张伟峰：《企业创新网络：一种新型的技术创新模式》，载于《生产力研究》2009 年第 23 期。

　　［63］张喜平、李永树、刘刚等：《节点重要度贡献的复杂网络节点重要度评估方法》，载于《复杂系统与复杂性科学》2014 年第 11 卷第 3 期。

　　［64］张延锋、刘益、李垣：《战略联盟价值创造与分配分析》，载于《管理工程学报》2003 年第 2 期。

　　［65］张瑜、菅利荣、刘思峰等：《基于优化 Shapley 值的产学研网络型合作利益协调机制研究——以产业技术创新战略联盟为例》，载于《中国管理科学》2016 年第 24 卷第 9 期。

　　［66］赵毅寰、王祖林、郑晶等：《利用重要性贡献矩阵确定通信网中最重要节点》，载于《北京航空航天大学学报》2009 年第 34 卷第 9 期。

　　［67］郑胜华、池仁勇：《核心企业合作能力、创新网络与产业协同演化机理研究》，载于《科研管理》2017 年第 6 期。

　　［68］周漩、张凤鸣、李克武等：《利用重要度评价矩阵确定复杂网络关键节点》，载于《物理学报》2012 年第 61 卷第 4 期。

　　［69］宗文、林源源、金玉健：《产学研网络的租金创造与租金分配研究》，载于《江苏社会科学》2017 年第 4 期。

　　［70］Adegbesan J A, Higgins M J, The Intra – Alliance Division of Value Created Through Collaboration. *Strategic Management Journal*, Vol. 32, No. 2, 2011, pp. 187 – 211.

　　［71］Aggarwal V S, Kapoor M, Knowledge Transfer Among International Strategic Alliance Partners and Its Impact on Innovation Performance. *International Journal of Strategic Business Alliances*, Vol. 6, No. 4,

2019, pp. 203 – 216.

[72] Ahrne G, Brunsson N, Organization Outside Organizations: The Significance of Partial Organization. *Organization the Critical Journal of Organization Theory & Society*, Vol. 18, No. 1, 2011, pp. 83 – 104.

[73] Ahuja M K, Carley K M, Network Structure in Virtual Organizations. *Organization Science*, Vol. 10, No. 6, 1999, 10 (6), pp. 741 – 747.

[74] Ahuja M K, Galvin J E, Socialization in Virtual Groups. *Journal of Management*, Vol. 29, No. 2, 2003, pp. 161 – 184.

[75] Ai X, Node Importance Ranking of Complex Networks with Entropy Variation. *Entropy*, Vol. 19, No. 7, 2017, pp. 303.

[76] Alchian A A, Demsetz H, Production, Information Costs, and Economic Organization. *American Economic Review*, Vol. 3, No. 2, 2007, pp. 21 – 41.

[77] Alchian A A, Demsetz H, Production, Information Costs, and Economic Organization. *The American Economic Review*, Vol. 62, No. 4, 1972, pp. 777 – 794.

[78] Ancona D, Bresman H, *X – teams: How to Build Teams That Lead, Innovate and Succeed*. Boston: Harvard Business School Press, 2007.

[79] Anna Moretti, *The Network Organization: A Governance Perspective on Structure, Dynamics, and Performance*. Springer International Publishing, 2017.

[80] Ansoff H I, Strategies for Diversification. *Harvard Business Review*, Vol. 35, No. 5, 1957, pp. 113 – 124.

[81] Aoki M, *The Co – Operative Game Theory of the Firm*. Oxford University Press, 1984.

[82] Bailey D, Faraj S, Hinds P, et al, Special Issue of Organization Science: Emerging Technologies and Organizing. *Organization Science*, Vol. 30, No. 3, 2019, pp. 642 – 646.

[83] Baker, W, The Network Organizations in Theory and Practice. In N. Nogria & R. Eccles (Eds.), *Network and Organizations* (397 – 429). Boston, MA: Harvard Business Press, 1992.

[84] Barabási A L, Network Theory—the Emergence of the Creative

Enterprise. *Science*, Vol. 308, No. 4722, 2004, pp. 639 – 641.

[85] Barney J B, Looking Inside for Competitive Advantage. *Academy of Management Perspectives*, Vol. 9, No. 4, 1994, pp. 49 – 61.

[86] Barney J B, Why Resource – Based Theory's Model of Profit Appropriation Must Incorporate a Stakeholder Perspective. *Strategic Management Journal*, Vol. 39, No. 13, 2018, pp. 3304 – 3324.

[87] Baum J A C, Cowan R, Jonard N, Network – Independent Partner Selection and the Evolution of Innovation Networks. *Management Science*, Vol. 46, No. 11, 2010, pp. 2094 – 2110.

[88] Bleeke J, Ernst D, Is Your Strategic Alliance Really a Sale? *Harvard Business Review*, Vol. 73, No. 1, 1994, pp. 97 – 104.

[89] Brügemann B, Gautier P, Menzio G, Intra Firm Bargaining and Shapley Values. *The Review of Economic Studies*, Vol. 86, No. 2, 2019, pp. 464 – 492.

[90] By O, Markets and Hierarchies: Analysis and Antitrust Implications by Oliver E. Williamson. *Accounting Review*, Vol. 86, No. 343, 1974, pp. 619.

[91] Carley K M, *Dynamic Network Analysis*. Alpha Script Publishing, 2003.

[92] Cato S, Collective Rationality and Decisiveness Coherence. *Social Choice and Welfare*, Vol. 40, No. 2, 2018, pp. 304 – 328.

[93] Cherchye L, Cosaert S, De Rock B, et al, Individual Welfare Analysis for Collective Households. *Journal of Public Economics*, No. 166, 2018, pp. 98 – 114.

[94] Conway S, Jones O, Steward F, Realizing the Potential of the Network Perspective in Innovation Studies. Social Interaction and Organizational Change: Aston Perspectives on Innovation Networks. In Social Action and Organizational Change: Aston Perspectives on Innovation Networks, eds. 2001.

[95] Das T K, Teng B S, Trust, Control, and Risk in Strategic Alliances: An Integrated Framework. *Organization Studies*, Vol. 22, No. 2, 2001, pp. 241 – 283.

[96] Dyer J H, Effective Interim Collaboration: How Firms Minimize Transaction Costs and Maximize Transaction Value. *Strategic Management Journal*, Vol. 18, No. 7, 1997, pp. 434 – 446.

[97] Dyer J H, Singh H, Hesterly W S, The Relational View Revisited: A Dynamic Perspective on Value Creation and Value Capture. *Strategic Management Journal*, Vol. 39, No. 12, 2018, pp. 3140 – 3162.

[98] Dyer J H, Singh H, Kale P, Splitting the Pie: Rent Distribution in Alliances and Networks. *Managerial and Decision Economics*, Vol. 29, No. 2 – 3, 2008, pp. 137 – 148.

[99] Dyer J H, Singh H, The Relational View: Cooperative Strategy and Sources of Interorganizational Competitive Advantage. *Academy of Management Review*, Vol. 23, No. 4, 1998, pp. 660 – 679.

[100] Forrester J W, Industrial Dynamics. *Journal of the Operational Research Society*, Vol. 48, No. 10, 1997, pp. 1037 – 1041.

[101] Freeman C, Networks of Innovators: A Synthesis of Research Issues. *Research Policy*, Vol. 20, No. 5, 1991, pp. 499 – 514.

[102] Friedman D, Evolutionary Games in Economics. *Econometrica: Journal of the Econometric Society*, 1991, pp. 637 – 666.

[103] Gans J, Ryall M D, Value Capture Theory: A Strategic Management Review. *Strategic Management Journal*, Vol. 38, No. 1, 2017, pp. 17 – 41.

[104] Gnyawali D R, Charleton T R, Nuances in the Interplay of Competition and Cooperation: Towards A Theory of Coopetition. *Journal of Management*, Vol. 44, No. 7, 2018, pp. 2411 – 2434.

[105] Gnyawali D R, Park B J R, Co-opetition between Giants: Collaboration with Competitors for Technological Innovation. *Research Policy*, Vol. 40, No. 4, 2011, pp. 640 – 663.

[106] Goldsmith S, Eggers W D, Governing by Network: The New Shape of the Public Sector. Brookings Institution Press and the Innovations in American Government Program at the John F. Kennedy School of Government at Harvard University, 2004.

[107] Gulati R, Singh H, The Architecture of Cooperation: Managing

Coordination Costs and Appropriation Concerns in Strategic Alliances. *Administrative Science Quarterly*, 1998, pp. 781 – 814.

[108] Hadzibeganovic T, Stauffer D, Han X P, Interplay between Cooperation – Enhancing Mechanisms in Evolutionary Games with Tag – Mediated Interactions. *Physica A: Statistical Mechanics and its Applications*, No. 496, 2018, pp. 676 – 690.

[109] Hamel G, Prahalad C K, Strategic Intent. *Harvard Business Review*, Vol. 67, No. 3, 1990, pp. 63 – 76.

[110] Hans Klijn E, Managing Commercialized Media Attention in Complex Governance Networks: Positive and Negative Effects on Network Performance. *Policy & Politics*, Vol. 44, No. 1, 2016, pp. 114 – 133.

[111] Harrigan K R, Strategic Alliances and Partner Asymmetries. Graduate School of Business, Columbia University, 1986.

[112] Hedström P, Stern C, Rational Choice Theory. The Wiley – Blackwell Encyclopedia of Social Theory, 2017, pp. 1 – 7.

[113] Hess A M, Rothaermel F T, When are Assets Complementary? Star Scientists, Strategic Alliances, and Innovation in the Pharmaceutical Industry. *Strategic Management Journal*, Vol. 32, No. 8, 2011, pp. 894 – 909.

[114] Hollstein B, Matiaske W, Schnapp K U, *Networked Governance*. Springer International Publishing AG, 2017.

[115] Holmstrom B, Moral hazard in teams. *The Bell Journal of Economics*, 1982, pp. 324 – 340.

[116] Hu P, Fan W, Mei S, Identifying Node Importance in Complex Networks. *Physic A Statistical Mechanics & Its Applications*, No. 429, 2014, pp. 169 – 176.

[117] Inkpen A C, Beamish P W: Knowledge, Bargaining Power, and The Instability of International Joint Ventures. *Academy of Management Review*, Vol. 22, No. 1, 1997, pp. 177 – 202.

[118] Ireland R D, Hitt M A, Vaidyanath D, Alliance Management as A Source of Competitive Advantage. *Journal of Management*, Vol. 28, No. 3, 2002, pp. 413 – 446.

181

[119] Jacobson D D, How and Why Network Governance Evolves: Evidence from A Public Safety Network. *Electronic Markets*, Vol. 26, No. 1, 2017, pp. 1 – 12.

[120] Jarillo J C, on Strategic Networks. Strategic Management Journal, Vol. 9, No. 1, 1988, pp. 31 – 41.

[121] Jiang X, Li Y, Gao S, The Stability of Strategic Alliances: Characteristics, Factors and Stages. *Journal of International Management*, Vol. 14, No. 2, 2008, pp. 173 – 189.

[122] Johannsson B, Beyond Process and Structure: Social Exchange Networks. *International Studies of Management & Organization*, Vol. 17, No. 1, 1987, pp. 3 – 23.

[123] Jones C, Hesterly W S, Borgatti S P, A General Theory of Network Governance: Exchange Conditions and Social Mechanisms. *Academy of Management Review*, Vol. 22, No. 4, 1997, pp. 911 – 944.

[124] Kale P, Dyer J H, Singh H, Alliance Capability, Stock Market Response, and Long – Term Alliance Success: The Role of the Alliance Function. *Strategic Management Journal*, Vol. 23, No. 8, 2002, pp. 747 – 767.

[125] Kale P, Dyer J, Singh H, Value Creation and Success in Strategic Alliances: Alliancing Skills and the Role of Alliance Structure and Systems. *European Management Journal*, Vol. 19, No. 4, 2001, pp. 463 – 471.

[126] Kang I, Lee J, Dynamics of Ex Post Uncertainty and Negative Behavioural Direction in Alliances. *International Journal of Technology Management*, Vol. 79, No. 2, 2019, pp. 126 – 146.

[127] Kaplinsky R, Morris M, A Handbook for Value Chain Research. Brighton: University of Sussex, Institute of Development Studies, 2000.

[128] Keeney R L, Remembering Howard Raffia. *Decision Analysis*, Vol. 13, No. 3, 2016, pp. 213 – 218.

[129] Khanna T, Gulati R, Nohria N, The Dynamics of Learning Alliances: Competition, Cooperation, and Relative Scope. *Strategic Manage-*

ment Journal, Vol. 19, No. 3, 1998, pp. 193 – 210.

［130］Kikuta K, A Lower Bound of an Imputation of a Game. *Journal of the Operations Research Society of Japan*, Vol. 21, No. 4, 2017, pp. 447 – 468.

［131］Kumar P, Zaheer A, Ego – Network Stability and Innovation in Alliances. Academy of Management Journal, Vol. 62, No. 3, 2019, pp. 691 – 716.

［132］Larsson R, The Handshake between Invisible and Visible Hands. *International Studies of Management & Organization*, Vol. 23, No. 1, 1993, pp. 87 – 106.

［133］Lavie D, Haunschild P R, Khanna P, Organizational Differences, Relational Mechanisms, and Alliance Performance. *Strategic Management Journal*, Vol. 33, No. 13, 2012, pp. 1443 – 1479.

［134］Lavie D, The Competitive Advantage of Interconnected Firms: An Extension of the Resource – Based View. *Academy of Management Review*, Vol. 31, No. 3, 2006, pp. 638 – 648.

［135］Lee H W, Malik N, Mucha P J, Evolutionary Prisoner's Dilemma Games Coevolving on Adaptive Networks. *Journal of Complex Networks*, Vol. 6, No. 1, 2018, pp. 1 – 23.

［136］Liao H, Mariani M S, Medo M, et al, Ranking in Evolving Complex Networks. *Physics Reports*, No. 689, 2017, pp. 1 – 44.

［137］Li H, Qu S Y, Scherpereel C M, Research Progress in Alliance Stability: A Content and Comparative Analysis of the English-and Chinese – Language Literature. *International Journal of Strategic Business Alliances*, Vol. 4, No. 2, 2016, pp. 110 – 132.

［138］Li J J, Poppo L, Zhou K Z, Relational Mechanisms, Formal Contracts, and Local Knowledge Acquisition by International Subsidiaries. *Strategic Management Journal*, Vol. 31, No. 4, 2010, pp. 349 – 370.

［139］Liu H M, Yang H F, Network Resource Meets Organizational Agility. *Management Decision*, 2019.

［140］Liu Z, Jiang C, Wang J, et al, The Node Importance in Actual Complex Networks Based on a Multi – Attribute Ranking Method. *Knowledge –*

Based Systems, No. 84, 2014 (84), pp. 46 –66.

[141] Lü L, Chen D, Ren X L, et al, Vital Nodes Identification in Complex Networks. Physics Reports, 2016, pp. 640, 1 –63.

[142] Lummus R R, Vokurka R J, Alber K L, Strategic Supply Chain Planning. *Production and Inven tory Management Journal*, No. 3, 1998, pp. 49 –48.

[143] Luo Y, Gnyawali D R, Bu J, Co-opetition, Capabilities, and Environments: How Do They Work Together in Shaping Firm Performance? Academy of Management Proceedings. *Briarcliff Manor*, *NY* 10410: *Academy of Management*, No. 1, 2016, pp. 14181.

[144] Lyneis J M, Cooper K G, Els S A, Strategic Management of Complex Projects: A Case Study Using System Dynamics. *System Dynamics Review: The Journal of the System Dynamics Society*, Vol. 17, No. 3, 2001, pp. 237 –260.

[145] Mann R P, Collective Decision Making by Rational Individuals. *Proceedings of the National Academy of Sciences*, Vol. 114, No. 44, 2018, pp. E10387 – E10396.

[146] Meng F, Tang J, An Q, et al, A New Procedure for Hesitant Multiplicative Preference Relations. *International Journal of Intelligent Systems*, Vol. 34, No. 4, 2019, pp. 819 –847.

[147] Messner S, Schrattenholzer L, Message – Macro: Linking an Energy Supply Model with a Macroeconomic Module and Solving it Iteratively. *Energy*, Vol. 24, No. 3, 2000, pp. 267 –282.

[148] Miles R E, Snow C C, Causes of Failure in Network Organizations. *California Management Review*, Vol. 34, No. 4, 1992, pp. 43 –72.

[149] Morales H, Meek J, Models of Collaborative Governance: The City of Los Angeles' Foreclosure Registry Program. *Administrative Sciences*, Vol. 9, No. 4, 2019, P. 83.

[150] Morelli S A, Ong D C, Makati R, et al, Empathy and Well-being Correlate with Centrality in Different Social Networks. *Proceedings of the National Academy of Sciences*, Vol. 114, No. 37, 2017, pp. 9843 –9847.

[151] Morone A, Nuzzo S, Caferra R, The Dollar Auction Game: A

Laboratory Comparison between Individuals and Groups. *Group Decision and Negotiation*, *Vol.* 28, No. 1, 2019, 28（1）: pp. 79 – 98.

［152］ Nash J, Non – Cooperative Games. Annals of Mathematics, 1941, pp. 286 – 294.

［153］ Oliver E. Williamson, Markets and Hierarchies: Some Elementary Considerations. *The American Economic Review*, Vol. 63, No. 2, 1973, pp. 316 – 324.

［154］ Olson M, *The Logic of Collective Action: Public Goods and the Theory of Groups*, Second Printing with a New Preface and Appendix. Harvard University Press, 2009.

［155］ Panico C, Strategic Interaction in Alliances. *Strategic Management Journal*, Vol. 38, No. 8, 2017, pp. 1646 – 1667.

［156］ Pargar F, Kujala J, Aaltonen K, et al, Value Creation Dynamics in a Project Alliance. *International Journal of Project Management*, Vol. 37, No. 4, 2019, pp. 716 – 730.

［157］ Pinckaers M, Rienties B, Vroemen G, Social Networks and Organizations. *IEEE Transactions on Systems Man & Cybernetics – Part C: Applications & Reviews*, Vol. 28, No. 2, 2012, pp. 169 – 172.

［158］ Pine B J, Pine J, Pine B J I I, *Mass Customization: The New Frontier in Business Competition.* Harvard Business Press, 1993.

［159］ Podolny J M, Page K L, Network Forms of Organization. *Annual Review of Sociology*, Vol. 24, No. 1, 1998, pp. 47 – 76.

［160］ Poppo L, Zhou K Z, Li J J, When Can You Trust "Trust"? Calculative Trust, Relational Trust, and Supplier Performance. *Strategic Management Journal*, Vol. 37, No. 4, 2016, pp. 724 – 741.

［161］ Porter K A, Powell W W, Networks and Organizations. In S Clegg, C Hardy, T B Lawrence, W R Nord（Eds.）, *The SAGE Handbook of Organization Studies.* London, UK: Sage Publications. Cross Google Scholar, 2006.

［162］ Porter M E, Clusters and the New Economics of Competition. *Harvard Business Review*, No. 12, 1998, pp. 77 – 99.

［163］ Porter M E, Kramer M R, Creating Shared Value. Managing

Sustainable Business. Springer, *Dordrecht*, 2019, pp. 323 – 346.

［164］Porter M E, Kramer R M, The Link Between Corporate Advantage and Corporate Social Responsibility. *Harvard Business Review*, No. 12, 2006, pp. 1 – 14.

［165］Powell W W, Nor Hierarchy N M. *Network Forms of Organization*. Sage Publications, London, United Kingdom, 1991.

［166］Proto A, Cabigiosu A, Le Reti Di Imprese: Accesso Al Credito Emisurazione Delle Performance. *Bancaria*, No. 2, 2014, pp. 70 – 83.

［167］Provan K G, Lemaire R H, Core Concepts and Key Ideas for Understanding Public Sector Organizational Networks: Using Research to Inform Scholarship and Practice. *Public Administration Review*, Vol. 72, No. 4, 2012, pp. 638 – 648.

［168］Rai R K, A Co – Opetition – Based Approach to Value Creation in Interfirm Alliances: Construction of a Measure and Examination of its Psychometric Properties. *Journal of Management*, Vol. 42, No. 6, 2016, pp. 1663 – 1699.

［169］Ravenscraft D J, Structure – Profit Relationship at the Line of Business and Industry Level. *The Review of Economics and Statistics*, 1983, pp. 22 – 31.

［170］Ritala P, Hurmelinna – Laukkanen P, *Dynamics of Competitive Value Creation and Appropriation. The Routledge Companion to Coopetition Strategies*. Routledge Abingdon, UK, 2018, pp. 48 – 67.

［171］Ritala P, Hurmelinna – Laukkanen P, What's in it for Me? Creating and Appropriating Value in Innovation – Related Coopetition. *Technovation*, Vol. 29, No. 12, 2009, pp. 819 – 828.

［172］Ritala P, Tidström A, Untangling the Value – Creation and Value – Appropriation Elements of Coopetition Strategy: A Longitudinal Analysis on the Firm and Relational Levels. *Scandinavian Journal of Management*, Vol. 30, No. 4, 2014, pp. 498 – 414.

［173］Robinson D T, Stuart T, Network Effects in the Governance of Strategic Alliances in Biotechnology. Working Paper, University of Chicago, 2000.

［174］ Roson R, Hubert F, Bargaining Power and Value Sharing in Distribution Networks: A Cooperative Game Theory Approach. *Networks and Spatial Economics*, Vol. 14, No. 1, 2014, pp. 71 – 87.

［175］ Saito K, Kimura M, Ohara K, et al, Super Mediator – A New Centrality Measure of Node Importance for Information Diffusion Over Social Network. *Information Sciences*, No. 329, 2016, pp. 984 – 1000.

［176］ Schilke O, Cook K S, Sources of Alliance Partner Trustworthiness: Integrating Calculative and Relational Perspectives. *Strategic Management Journal*, Vol. 36, No. 2, 2014, pp. 276 – 297.

［177］ Schilke O, On the Contingent Value of Dynamic Capabilities for Competitive Advantage: The Nonlinear Moderating Effect of Environmental Dynamism. *Strategic Management Journal*, Vol. 34, No. 2, 2014, pp. 179 – 203.

［178］ Simon R, Innovation and Heterogeneous Knowledge in Managerial Contact Networks. *Journal of Knowledge Management*, Vol. 6, No. 2, 2013, pp. 152 – 263.

［179］ Smith J M, Price G R, The Logic of Animal Conflict. *Nature*, Vol. 246, No. 4427, 1973, pp. 14 – 18.

［180］ Spekman Forbes, Ⅲ Isabella MacAvoy Retmlatc, Alliance Management: A View from the Past and a Look to the Future. *Journal of Management Studies*, Vol. 34, No. 6, 1998, pp. 747 – 772.

［181］ Taylor P D, Jonker L B, Evolutionary Stable Strategies and Game Dynamics. *Mathematical Biosciences*, Vol. 40, No. 1 – 2, 1978, pp. 144 – 146.

［182］ Teece D J, Dynamic Capabilities as (Workable) Management Systems Theory. *Journal of Management & Organization*, Vol. 24, No. 3, 2018, pp. 349 – 368.

［183］ Thorgren S, Wincent J, Interorganizational Trust: Origins, Dysfunctions and Regulation of Rigidities. *British Journal of Management*, Vol. 22, No. 1, 2011, pp. 21 – 41.

［184］ Tirole J, *The Theory of Industrial Organization*. MIT Press, 1988.

［185］ Tsai K, Fang W, Teresa T H, Relinking Cross – Functional

Collaboration, Knowledge Integration Mechanisms and Product Innovation Performance: A Moderated Mediation Model. *Canadian Journal of Administrative Sciences*, Vol. 29, No. 1, 2012, pp. 25 – 39.

[186] Tulu M M, Hou R, Younas T, Vital Nodes Extracting Method Based on User's Behavior in 4G Mobile Social Networks. *Journal of Network and Computer Applications*, No. 133, 2019, pp. 39 – 40.

[187] Upson J W, Damaraju N L, Anderson J R, et al, Strategic Networks of Discovery and Creation Entrepreneurs. *European Management Journal*, Vol. 34, No. 2, 2017, pp. 198 – 210.

[188] Vinodrai Pandya K, Karlsson A, Sega S, et al, Towards the Manufacturing Enterprises of the Future. *International Journal of Operations & Production Management*, Vol. 17, No. 4, 1997, pp. 402 – 421.

[189] Waltman L, A Review of the Literature on Citation Impact Indicators. *Journal of Informetrics*, Vol. 10, No. 2, 2016, pp. 364 – 391.

[190] Wang J S, Wu X P, Yan B, et al, Improved Method of Node Importance Evaluation Based on Node Contraction in Complex Networks. *Procedia Engineering*, Vol. 14, No. 1, 2011, pp. 1600 – 1604.

[191] Ward K, Strategic Management Accounting. *Routledge*, 2012.

[192] Wassmer U, Dussauge P, Value Creation in Alliance Portfolios: The Benefits and Costs of Network Resource Interdependencies. *European Management Review*, Vol. 8, No. 1, 2011, pp. 47 – 64.

[193] Williamson O E, *The Economic Institutions of Capitalism: Firms, Markets*, Relational Contracting. New York: Free Press, 1985.

[194] Williamson, O. E, *The Economic Institutions of Capitalism*. Free Press, New York, 1984.

[195] Winter E, the Shapley value. *Handbook of Game Theory with Economic Applications*, Vol. 3, No. 2, 2002, pp. 2024 – 2044.

[196] Xia J, Wang Y, Lin Y, et al, Alliance Formation in the Midst of Market and Network: Insights from Resource Dependence and Network Perspectives. *Journal of Management*, Vol. 44, No. 4, 2018, pp. 1899 – 1924.

[197] Xin – Jie Z, Tang Y, Xiong J, et al, Dynamics of Cooperation in Minority Games in Alliance Networks. *Sustainability*, Vol. 10, No. 12,

2018.

[198] Yan A, Zeng M, International Joint Venture Instability: A Critique of Previous Research, a Reconceptualization, and Directions for Future Research. *Journal of International Business Studies*, Vol. 30, No. 2, 1999, pp. 397 −414.

[199] Yi H, Network Structure and Governance Performance: What Makes a Difference? *Public Administration Review*, Vol. 78, No. 2, 2017, pp. 194 −204.

[200] Ysa T, Sierra V, Esteve M, Determinants of Network Outcomes: The Impact of Management Strategies. *Public Administration*, Vol. 92, No. 3, 2014, pp. 636 −644.

[201] Zhang J, Jiang H, Wu R, et al, Reconciling the Dilemma of Knowledge Sharing: A Network Pluralism Framework of Firms' R&D Alliance Network and Innovation Performance. *Journal of Management*, Vol. 44, No. 7, 2019, pp. 2634 −2664.

[202] Zhang S, Li N, Li J, Redefining Relational Rent. *Technological Forecasting and Social Change*, Vol. 117, 2017, pp. 314 −326.

[203] Zhang X, Chen B, Study on Node Importance Evaluation of the High − Speed Passenger Traffic Complex Network Based on the Structural Hole Theory. *Open Physics*, Vol. 14, No. 1, 2017, pp. 1 −11.